JN319192

ちくま新書

# タブーの正体！

## ――マスコミが「あのこと」に触れない理由

川端幹人
Kawabata Mikito

939

# タブーの正体！――マスコミが「あのこと」に触れない理由【目次】

## 第2章 権力の恐怖――今も存在する政治家、官僚タブー



## 第3章 経済の恐怖――特定企業や芸能人がタブーとなるメカニズム

# 序章 メディアにおけるタブーとは何か

## †原発事故であらわになったタブーの存在

タブー――本来は文化人類学や宗教学で共同体の触れてはならない領域、犯してはいけない行為を説明する学術用語だったこの言葉が、最近、やたらとメディアに対して使われるようになった。

「あの番組がつぶれたのは、○○のタブーにふれたかららしい」「××の存在は、マスゴミでは絶対的なタブーだから、批判なんてできるわけがない」

ネットの掲示板はこんな書き込みであふれ、コンビニに置かれた実話雑誌の表紙にも、「マスコミのタブーを暴く」「誰も書けないタブー」といったフレーズが頻繁に躍っている。

たしかに、この国のメディアは「タブー」と呼ぶしかないものを抱え込んでいる。普段は威勢のいいテレビや新聞、週刊誌がある特定の報道対象・領域を前にした途端、凍りついたように沈黙し、一切の批判を放棄してしまう。

最近も、福島で起きたあの史上最悪の原発事故で、私たちはその存在を思い知らされた。改めて指摘するまでもないが、福島原発の暴走事故は、電力会社、政府など原子力利権に群がる勢力＝原子力ムラが引き起こした、まぎれもない人災である。津波や地震による原発の冷却機能喪失、メルトダウンの危険性は以前から再三指摘されていたにもかかわらず、彼らはその警告を無視して甘い設計基準のプラントを放置し、老朽化した原子炉の運転を強行してきた。そして事故が起きた後も、メルトダウンや放射性物質の拡散、汚染の進行という事実を隠蔽して、ひたすら「人体に影響はない」「安全だ」と繰り返し、国民の生命と健康を危機にさらし続けた。

ところが、マスメディアはこの原子力ムラの責任をまったく追及しなかったのである。とくに、事故の第一義的な責任主体である東京電力に対する姿勢は信じられないくらい腰の引けたものだった。

世界中に放射性物質をまき散らす大惨事を引き起こしているのに、会見では、厳しい質問をすることも罵詈雑言を浴びせることもなく、東電側の言い分にうなずき、ひたすらメモをとり続けるだけ。矛盾や情報の隠蔽が次々に発覚しているのに、その指摘さえしない。ワイドショーではコメンテーターが「東電さんの悪口を言うつもりはないんですが」といった弁解をするシーンも頻繁に見られた。

トップに対しても同様だった。同社の清水正孝社長（当時）が事故直後、謝罪会見もせずに雲隠れしても、なんのアクションも起こさない。基準値の三千倍以上の放射能汚染水流出が発覚したその日に勝俣恒久会長が「原子炉は一応の安定を見ている」などとでたらめを口にしても、一言も批判しない。もちろん、自宅に押し掛けインターホンを鳴らし続けるというような行儀の悪いことも一切しない。中には、会見で質問する際、「勝俣会長様」「清水社長様」といった仰々しい敬称でこびへつらう記者までいた。

これがいかに異様なことかは、かつて食品偽装事件で不二家や船場吉兆に対して繰り広げられた報道や、原発事故と同時期に起きた食中毒事件で焼き肉チェーン店の社長を追いかけまわし、土下座までさせた取材と比べれば、よくわかるはずだ。

しかも、新聞やテレビは単に東電を批判しないだけでなく、その事実隠蔽と情報操作に積極的に加担していた。同社の会見には、途中から上杉隆や田中龍作、寺澤有などのフリージャーナリストが出席し、メルトダウンや放射線量データの改竄《かいざん》、東電上層部の無責任な行動を次々と追及していたのだが、新聞・テレビはその質問映像や内容を一切流さなかったのはもちろん、会見場でヤジをとばしたり、別の質問で遮るなどして上杉らの追及を妨害する役割まで演じていた。そして、上杉らの指摘をデマよばわりする一方で、東電が発表するいい加減な数値や根拠のない「安全」情報を拡散し続けたのだ。

## †今も続く電力会社への配慮と協力キャンペーン

原発報道をめぐるこの異様な状況の背景には、メディアと電力業界の長年にわたる関係がある。詳しい構造については第3章で述べるが、テレビ、新聞、週刊誌などの既存メディアは何十年にもわたって電力会社から莫大な金額の広告提供を受け、電力・原子力業界と一体といってもいい関係を築いてきた。その結果、東電をはじめとする電力会社はメディアにとって絶対に批判が許されない存在になってきた。

原発事故直後に取材した民放の報道局幹部はこう語っていた。

「電力業界は広告量もすごいし、上層部同士の濃密な交流もある。それにどんな些細な報道にも圧力をかけてくる。だからメディアはすごく電力会社を恐れているし、テレビではかなり前から、電力会社や経済産業省が発表したとき以外は不祥事の報道はしない、原発で事故やトラブルが起きても批判は最小限に抑えるというのが、暗黙のルールになってきた。今回の事故ではさすがに東電からの直接的な圧力はなかったが、この長年のタブー意識が強く働いている」

しかも、このメディアの姿勢は事故から数カ月たってもほとんど変わっていない。東京電力についてはさすがに批判報道も見られるようになったが、他の電力会社や業界団体・電気事業連合会に対しては、あいかわらずの配慮と全面協力を続けている。

電力会社が原発再稼働のためにデータを歪曲し、展開している「電力不足」キャンペーンには丸乗りして大々的に取り上げる一方で、再稼働の妨げになるような情報はごく小さくしか扱わないのだ。

たとえば、原発事故の後、関西電力が打ち出した電力不足キャンペーンと一五パーセント節電要請に対して、大阪府の橋下徹知事（当時）が「原発を再稼働させるための脅し」と真っ向から批判したことがあったが、テレビ局はこの問題をほとんど報道しなかった。「橋下知事VS関西電力」というタイトルでこの問題をとりあげようとした読売テレビの人気番組「たかじんのそこまで言って委員会」では、取材やスタジオ収録がすべて終わっていたにもかかわらず、放映直前にそのくだりをまるごとカットされるという事態まで起きている。

多くのメディアが追及したように見える九州電力のやらせメール事件も、実情はまったくちがっていた。この事件は、玄海原発の再稼働に向けた県民向け説明番組で九電が社員や関係企業に一般市民を装ってメールを送らせていたというものだが、六月末の時点で複数のメディアに内部告発がよせられていた。だが、取り上げたのは共産党の機関紙「赤旗」のみ。他のメディアは、「赤旗」が記事にした後ですら、九電側に否定されると、一切報道しようとしなかった。結局、新聞・テレビがこの問題を取り上げたのは、七月になって衆院予算委員会で共産党の笠井亮議員が質問し、九電が事実を認めた後のこと。彼らは不正追及どころか、ぎりぎりまで電力会社を守ろうとしていたのである。

## †『噂の真相』によせられたタブーの告発

国民の生命や財産を危機にさらすこんな事態になってもなお、電力会社を守ろうとし続けるメディア。この国が抱える電力会社タブーの強固さには愕然とさせられるが、しかし、これはあくまで氷山の一角にすぎない。

テレビや新聞、週刊誌などの既存メディアは他にも数多くのタブーを抱えている。皇室、同和団体、宗教、あるいは有力政治家や検察・警察といった権力機関、大手自動車会社、さらには大手広告代理店、大手芸能プロダクション所属のタレント……。

私自身、一九八二年から『噂の真相』というスキャンダル雑誌の編集部に在籍し、二〇〇四年の休刊まで副編集長という立場で雑誌づくりを統轄、自ら皇室問題や検察批判、政界スキャンダルなどの取材・執筆にあたってきたが、その中で常に直面してきたのが、このメディアのタブーという問題だった。

というのも『噂の真相』は、〝タブーなき反権力ジャーナリズム〟をうたい文句に、大手メディアが報道できないスキャンダルの暴露や不祥事の追及を売り物にした雑誌だったからだ。新聞、テレビ、週刊誌をはじめとするメディア各社には、この雑誌の「協力者」「情報源」が多数存在していて、彼らが事実をつかみながら圧力や自主規制によって報道できなかった情報が毎日のように編集部によせられていた。

「皇室内部のトラブルをつかんだが、ウチじゃ記事にできない。おたくでできないか」

「検察庁の裏金問題を取材していたら、司法記者クラブから圧力がかかりつぶされた。記事にしてほしい」

「ウチの社会部が、公共工事に絡む同和団体幹部の不正の証拠をつかんだが、取材さえさせてもらえない。どうにかならないか」

「大物タレントのスキャンダルが載った号が発売直前に刷りなおしになった。調べてくれ」

そして、『噂の真相』自体も、メディアが報道できないこうしたタブーを活字にした結果、さまざまなトラブル、リアクションを引き起こした。東京地検特捜部による起訴や警視庁のガサ入れ、エセ同和団体からの脅迫、さらには右翼団体の襲撃など、タブーにふれることがいかにメディアにとって危機的な状況をもたらすかを、私自身、身をもって体験した。

いや、タブーに直面したのは『噂の真相』時代だけではない。『噂の真相』が休刊した後、私はフリーのジャーナリストとしていくつかの商業雑誌で連載を持ち、さまざまなメディアの取材に協力するようになったのだが、そこに広がっていたのは、かつて想像していた以上に「書けないこと」だらけの世界だった。

「そのネタはウチじゃちょっと」「この問題はまずい」「あそこにさわるのは危ないから」テレビや新聞関係者、週刊誌、月刊誌の編集者からこんな台詞を何度、聞いただろうか。

その典型的な例といえるのが、数年前、私自身がある有力ユダヤ人団体について言及しようとしたときの体験だ。

## †触れることすら許されなかった、ユダヤというタブー

このユダヤ人団体は、SWC（サイモン・ヴィーゼンタール・センター）という、アメリカに本拠を置くユダヤ差別やナチ礼賛発言を監視している組織だ。日本でもホロコースト否定論を掲載した月刊誌『マルコポーロ』（文藝春秋）に激しい抗議行動を繰り広げ、同誌を休刊に追い込んだことがある。そのSWCが当時、反ユダヤ的な書籍を出版したとして徳間書店に販売停止を要求していたのだ。

だが、SWCが問題にしていた『ユダヤ・キリスト教「世界支配」のカラクリ』という書籍はタイトルや内容の一部にやや扇情的な表現があるものの、ユダヤ差別や陰謀論を主張しているわけではなく、販売停止要求を受けるようなものには見えなかった。そこで、私は連載中だった朝日新聞社発行の月刊誌で、「無根拠なユダヤ陰謀論が横行する現状は

問題だが、この程度の表現まで封殺しようとするＳＷＣもおかしい。ユダヤへの恐怖がルサンチマンに転化し、逆に水面下でユダヤ差別や陰謀論を助長する結果を招きかねない」と指摘したのだ。

だが、原稿を入稿してすぐ、想像もしなかった事態が起きる。私の携帯電話にその月刊誌の編集長から直々に連絡が入り、こんな通告を受けたのである。

「ＳＷＣに関する記述をすべて削除してほしい」

改めて断っておくが、私はユダヤ人を差別したわけでもなければ、陰謀論を肯定したわけでもない。単に一ユダヤ団体の抗議方法に対して異議を唱えたにすぎない。それどころか、原稿には根拠のないユダヤ陰謀論が横行する現状に問題があることも明記していた。にもかかわらず、朝日新聞社はすべてをカットしろ、といってきたのだ。

当然、私はあらゆる角度から抵抗を試みた。安易な自主規制がジャーナリズムにとっていかに危険かという原則論の主張はもちろん、原稿はＳＷＣから抗議を受けるような内容ではないという説得、最終的には「それでも問題があるというなら、具体的に指摘してくれれば、表現をやわらげるなどの対応をする」とまで譲歩した。

しかし、朝日新聞の論説委員も務めたことがあるというその編集長は、「とにかくＳＷＣに関しては一行たりとも掲載できない」という言葉を繰り返すだけ。徳間書店がＳＷＣ

から抗議を受けているという事実関係に触れることすら拒否したのである。

しかも、これは朝日新聞社だけの話ではなかった。同時期、知人の評論家が別の全国紙や大手出版社発行の週刊誌でこの問題を取り上げようとしたのだが、両方のメディアからまったく同じように一切の掲載を拒否されている。

なぜユダヤやSWCに触れることが許されないのか、その理由については第3章で詳述するが、こういった強固なタブーを無数に抱えているのが、今のメディアの現状なのである。

### †ネットはタブーを解体するか

もっとも、一方にはこんな意見もある。

タブーというのは、テレビや新聞や大手出版社発行の雑誌、つまり〝マスゴミ〟の問題であって、個人が自由に情報を発信できるネットには「触れることのできない領域」など存在しない。このままネットの力が大きくなっていけば、メディアのタブーは早晩、解体されるだろう、と。

たしかに、ネットの存在感は日に日に大きくなっている。先述した原発事故でも、真実を報道しようとしない既存メディアが信用を落とす一方で、ツイッターやブログなどのネットメディアがメルトダウン、放射能汚染拡大の指摘や政府・東電批判を連日のように発

信し、膨大な数のアクセスを集めた。

他のケースでも同様だ。少年犯罪が起きれば、新聞やテレビが匿名にしている加害者の実名、顔写真が即座に掲示板にアップされるし、経済界のトップに立つ企業の内部告発や大物政治家、タレント、スポーツ選手の驚くようなスキャンダル暴露も珍しくない。前述したユダヤ問題についても、ネットでは「ユダヤが闇から世界を支配している」といった根拠のない陰謀論、露骨なユダヤ差別までが大手をふって闊歩している。

しかしだからといって、こうした現象が即、タブー解体につながると考えるのはあまりに楽観的すぎるだろう。

というのも、ネットは単独ではネットの外の世界に作用することができないからだ。たとえば、原発事故でネットが既存メディアの報道しない事実を指摘して、いったい何が変わったか。ほとんど何も変わらなかったというのが現実だろう。ツイッターがあれだけ「メルトダウンはすでに起きている」「避難範囲を拡大すべきだ」とつぶやいても、新たな避難政策もSPEEDIの導入もなく、被曝の進行はまったく止められなかった。さまざまなブログが原子力ムラの癒着構造を明白な証拠つきで指摘しても、東電や保安院はなんの追及も受けることなくいつもどおり会見を繰り返し、御用学者たちも何事もなかったようにテレビに出演し続けた。

要するに、ネットがいくら正確な事実を暴き、重要な指摘をしても、現実社会で無視されると、その情報は存在しないことになってしまう。ネットの情報が影響力を持てるのは、当事者がその情報を事実だと認めた場合か、国会や政府当局、あるいは新聞やテレビなどのマスメディアがそれを大きく取り上げた場合にかぎられるのだ。

しかも、ネットには膨大なバズ情報が混在しており、これがさらに困難な状況を作りだしている。

そのひとつの例が、二〇〇九年に起きた「サイキック青年団」打ち切り事件だろう。過激な内容で人気だった大阪・朝日放送のラジオ番組「誠のサイキック青年団」が突如、打ち切りになり、パーソナリティをつとめるタレント・北野誠が所属の松竹芸能から無期限謹慎を言い渡されたのだが、当の朝日放送や松竹芸能が理由を一切公表せず、ワイドショーやスポーツ紙といった芸能ジャーナリズムでも詳しい事情はもちろん、打ち切りや謹慎処分の事実さえ報道されなかった。そのため、ネットではこの話題で騒然となり、打ち切りの原因を追及するスレッドがいくつも立ったのである。

ところが、このとき、ネットが信じ込んだのは真相とはほどとおいデマだった。

詳しくは後述するが、「サイキック青年団」打ち切りの原因は、芸能界で絶対的なタブーとおそれられている大手芸能事務所・バーニングプロダクションが番組内での北野の発

言を問題視し、業界団体の音楽事業者協会（音事協）を動かして抗議をしたことだった。当事者の朝日放送や松竹芸能、さらには芸能ジャーナリズムが沈黙したのも、このバーニングというタブーに怯えた結果だった。

しかし、2ちゃんねるの掲示板やブログには、当初、バーニングや音事協の関与を指摘する声はごくわずかしかなく、創価学会の圧力があったという説、同和タブーにふれて食肉業者から抗議を受けたという説、自民党陰謀説など、まったく根拠のない陰謀論であふれかえったのである。中でも創価学会圧力説は、番組の共演者・竹内義和が打ち切り直後に「そうか、そうか、そうか！」というタイトルのブログを書いていたことから、「あのタイトルは創価学会の圧力があったことを知らせるための暗号」とするもっともらしい情報が流れ、多くの2ちゃんねらーがこれを「真実」と信じ込んでしまった。

つまり、この問題では、既存メディアだけでなく、既存メディアを批判しているネットもデマの流通によって結局、タブーに踏み込むことができなかったのだ。

原発事故報道でもこれと同様のことが起きている。ネットは既存メディアが報道できない真相を数多く発信した一方で、日本中を放射能がおおいつくすとか、多くの人が海外に逃げ出しているといったデマも大量にばらまいた。さらには、メルトダウンや放射能汚染の事実を指摘した書き込みを「デマだ」「煽りだ」と排撃するカウンター情報も大量に流

れ、一般市民にしてみるとどの情報を信じていいのかわからない状況に陥ってしまった。

こうした経緯を見れば、ネットによるタブー解体がいかに困難であるかがよくわかるはずだ。このままでは、ネットによってタブーが解体されるのではなく、報道できないことだらけのマスメディアが伝える〝事実〟と、「マスゴミは信用できない」といいながら根拠のない陰謀論も信じ込んでしまうネットの〝事実〟が、別々の「系」として乖離していくだけだろう。そして、信用できる情報がどこにもないという不健全な状況がエスカレートしていく。そんな気がしてならないのである

## †メディア・タブーはかつて「タブー」ではなかった

実際、ここ数年のマスメディアの動きを見ると、その危惧は現実のものとなりつつある。マスメディアにおけるタブーはなくなるどころか、増殖の一途をたどっているのだ。数年前まで、どのメディアでも平気で報道されていたスキャンダルが、捜査当局が動かなければ報道できなくなり、スキャンダルどころかほんの些細な批判や揶揄までも自主規制するようになった。

ネットの上では殆ど言論の治外法権が出来上がるのと同時進行で既存のメディアの中

では小さな禁忌がそこかしこに出来上がっている。

作家の大塚英志はかつて、著書『サブカルチャー反戦論』でこう警鐘を鳴らしたが、この指摘のとおりの事態も起きている。

過剰な自主規制の風潮が報道だけでなく、メディアの隅々にまで広がり、業界ごとに「プチ禁忌」と呼ぶべき小さなタブーが次々と生まれている。お笑い業界だけのタブー、グルメ業界だけのタブー、スポーツジャーナリズムだけのタブー……。さらには、NHKだけのタブー、日本テレビだけのタブー、朝日新聞だけのタブー、文藝春秋だけのタブー、というように会社単位のタブーも出来上がりつつある。

最近の報道では、あらゆるメディアがひとつの話題を集中的に取り上げる、「報道のスペクタクル化」と呼ばれる現象が起きているが、実はこれもタブーの増殖と無関係ではない。タブーが極端に増えたことによって、報道できる領域・対象が狭くなり、メディアは視聴者や読者の関心を喚起できるニュースを見つけることが難しくなった。だからひとたび、リスクがなくて、話題を呼ぶことのできるネタを見つけると、すべてのメディアがそこに飛びついてしまうのだ。

いや、問題はタブーの「量」だけではない。メディアにおけるタブーのありようで、今、私がもっとも危惧しているのは、それが「本物のタブー」のようにふるまいはじめたことだ。

改めていうまでもないが、メディア・タブーは本来的な意味のタブー、つまり、多くの共同体にある近親婚の禁止やイスラム教の「豚肉を食べてはならない」などというものとはまったくちがう。

タブーという言葉は、一八世紀のイギリス人航海者、ジェイムズ・クックがその航海記録でポリネシア諸島に伝わる禁止の掟として紹介したのがはじまりとされ、その後も冒頭で触れたように、共同体に古くから伝わる禁止事項、不可触領域を説明する学術用語として使用されてきた。社会学者のデュルケムから、精神分析学者のフロイト、文化人類学者のレヴィ＝ストロースまで、さまざまな研究者がタブーの生成過程を研究しているが、いずれも共同体成立の際に必然的に発生したもの、あるいは構成員の意識の古層に植え付けられたものという認識が前提になっている。

しかし、メディア・タブーは、共同体の必然でもなければ、所与のものでもない。暴力による威嚇、激しい抗議や当局の介入、あるいは経済的な圧迫など、物理的な圧力にメディアが恐怖を感じ、過剰な自主規制に走った結果なのだ。だから、メディア・タブーにはそれを生み出したきわめて直接的で具体的な理由がある。禁止した主体が目に見えない

「本物のタブー」に対して、メディア・タブーには、禁止をもたらした主体が明確に存在している、といってもいいかもしれない。

実際、メディア・タブーはもともと「タブー」という名称では呼ばれていなかった。一九五〇年代の新聞や雑誌記事を読んでみると、メディア上の不可触表現については「禁制」や「禁句」のような、誰かが強制したという意味合いを含んだ言葉が使われているし、皇室関係でのタブー領域も、戦前の不敬罪から引用した「不敬」や、冷戦時代の「鉄のカーテン」をもじった「菊のカーテン」という表現が用いられている。

その後、一九六〇年代に入り、メディアに対しても「タブー」という言葉が使われるようになったが、これもある時期までは、一種のカリカチュアにすぎなかった。いってみれば、今、バラエティ番組や雑誌などで存命中の有名人の些細なエピソードに「○○伝説」などというタイトルがつけられているのと同じようなものだったのだ。

## †当事者も知らない「タブーの理由」

ところが、ある時期から、メディアにおける「タブー」という言葉は、そういった比喩や誇張表現とは明らかにちがうレベルで使われるようになる。

予兆は八〇年代からあった。文化人類学や民俗学がブームになったこの時期、タブーという言葉がより広い意味で使われるようになった。たとえば天皇制や被差別部落をめぐる問題では、メディアの自主規制といううきわめて現代的な問題が、古代や封建期に形成された人間の意識の延長線上にあるものとして語られるようになったのだ。

しかし、決定的になったのはやはりここ数年のことだろう。それはメディアからタブーを生み出す具体的な「理由」が見えなくなっていったのと、軌を一にしている。

以前であれば、自主規制や圧力によって報道が封殺されると、メディアの内部でなぜ報道できないのかという経緯、つまりタブーの理由が問題となり、それが外部にも漏れ伝わってきた。ところが、数年前から、「タブーだから」「その話はヤバイから」という言だけで簡単に報道がストップされるようになり、理由について説明したり、議論したりということがほとんどなくなってしまったのである。

最近では、ある事実の報道を「タブーにふれるから」と封じ込めた当事者が、などそれがタブーになっているのかを知らないという事態まで起きている。

たとえば、前述したユダヤ人団体・SWCをめぐるトラブルの際、私は「ユダヤやSWCのことはタブーだから」といって報道を拒否した複数のメディア関係者に、SWCの何が危険なのか、ユダヤタブーに触れるとどういう事態が起きるのかを聞いて回ったのだが、正確に答えられた者はほとんどいなかった。それどころか、SWCがとてつもなく強力な暴力装置をもっているといった、まったくの虚偽情報を信じ込んでいる関係者もいた。

まるで冗談のような話だが、しかし、この「理由の消失」こそが今のメディアの最大の問題なのだ。報道できない領域があったとしても、それが何によって引き起こされたのか、理由が明らかになっていれば、将来、その要因を除去して状況を変えることができるかもしれない。あるいは、状況を変えるのは無理でも、どの部分にどういうリスクがあるかが認識できれば、そこを避けながら限界ギリギリの表現まで踏み込むことは可能だ。だが、タブーを生み出した理由が隠されてしまうと、そういった条件闘争や駆け引きすらできなくなり、タブーをそのままオートマティックに受け入れざるをえなくなる。そして、「タブー」という言葉が、目の前で起きている事態と闘わないことのエクスキューズとして、これまで以上に頻繁に使われるようになる。

このままいけば、メディア・タブーは、まさにかつての「本物のタブー」のような強度をもつことになるだろう。誰もが「タブー」の存在を当たり前のものとして受け止め、それに服従し、破った者は共同体の跳ね上がりとして排除されるような絶対的な存在に、である。

いや、もしかしたら理由が消失したメディア・タブーは、「本物のタブー」以上に危険な存在になるかもしれない。古くからある「本物のタブー」はその領域が固定されており、増殖することも肥大化することもないが、メディア・タブーはこれから先、いくらでも人為的に作り出すことができるし、その領域を拡張することができるからだ。

しかも、それは途中で伝言ゲームのように歪められ、実態の何倍もの巨大なタブーになってしまう。先ほどから何度か話題にしているユダヤ・タブーでも、当初は、ホロコースト否定やユダヤ陰謀論だけが対象だったのが、無根拠な恐怖心だけがどんどん膨らんで、今ではSWCという存在に触れることすら、タブーになってしまった。理由が見えなくなれば、そういうことが、必然的に起こりうるのだ。

## †本書はタブーにどう向き合うか

絶対的な服従を強いる強度を持つ一方で、増殖し、肥大化するメディア・タブー。いったい、私たちはこの状況にどう対峙すればいいのか。

正直なところ、この問いかけに対して明快な答えを導き出すのは難しい。今のメディア状況はおそらく、簡単にこうすれば克服できるといった台詞を口にできるほど、生易しいものではないだろう。

だが、それでもひとつだけいえるのは、「理由の消失」が今の状況を招いている以上、やはり、その「理由」を取り戻すところから始めるしかない、ということだ。

現在のメディアはタブーを克服するという以前に、その実態をまったく見ないまま「タブー」という言葉で一くくりにして、恐怖心だけを募らせている。だとしたら、まず、その恐怖の皮膜を取り除いて、タブーの実態、つまりそれを生み出した要因や理由を正面から見つめなおすしかないではないか。

実は、今回、私が本書を書いた目的もそこにある。

『噂の真相』時代に体験した事実や見聞きした情報、あるいはフリージャーナリストとして目の当たりにしたメディアの実態、さらには関係者への新たな取材などを総動員すれば、隠されてしまったメディア・タブーの理由をあぶりだし、その実態に迫ることができるかもしれない。そう考えたのである。

だから、本書は、タブーの是非や報道倫理、プライバシーなどの問題はひとまず横において、メディア・タブーを生み出した理由、要因に徹底的にこだわるつもりだ。

個別のタブー領域をひとつひとつ精査して、その生成過程を分析する。自主規制で闇に葬られたいくつもの事例をふりかえって、どうしてそういう事態が起きたかを追及する。あるいは、同じポジションにありながらタブーになったものとタブーにならなかったものを比較して、その差異を検証する、そういった作業によって、タブーの要因を浮かび上がらせたいと考えている。

また、そのために、本書では、メディア・タブーの要因を暴力、権力、経済という三つに分類してアプローチするつもりだ。タブーはさまざまな要素が複雑に絡み合ってつくられるものではあるが、つきつめれば、最後は暴力、権力、経済のうちのどれかに対する恐怖にいきつく。この三つの恐怖を軸にタブーを観測すれば、なぜ、メディアはこうも簡単にタブーに屈するのかという本質的な問題を解く鍵が見えてくる気がするのだ。三つを順に追っていくことで、タブー要因が時代とともに、暴力、権力から経済へと移り変わっていることも明らかになるだろう。

そして、三つを軸にした分析をもとに、その恐怖を増幅させる装置となっているメディアの構造的な変化にまで踏み込んでいけたら、と考えている。

もちろん、こういう作業をしたからといって、タブーに覆われつつあるメディア状況をすぐにくつがえせるとは思わない。それは、巨象に蟻が挑むような、無謀な行為かもしれない。

しかし、繰り返すが、私たちはまず、そこから始めるしかないのである。

＊なお本文中、敬称は略させていただいた。

第1章

# 暴力の恐怖

## ——皇室、宗教タブーの構造と同和タブーへの過剰対応

## 1　私が直面した右翼の暴力

### †『噂の真相』と皇室報道

生死を左右する暴力を振るえば、ほかのどんな法を執行するよりも以上に、法そのものは強化される

ナチスから逃れて非業の死をとげたドイツの思想家、ヴァルター・ベンヤミンが「暴力批判論」(野村修訳)でこう書いたように、暴力は人間の行動を規制するあらゆる力の中でもっとも強く、絶対的なものだ。

メディア・タブーも多くはこの暴力に対する恐怖を起源としている。日ごろは「表現の自由」なるお題目をえらそうに掲げている報道機関やジャーナリストが、暴力に直面したとたん、あっさり主張を曲げたり、報道をとりやめたりしてしまう。そして以降は、暴力の記憶に怯え、その領域には一切触れようとしなくなる。そんなケースをこれまで何度、

目撃したことだろう。

実は私自身もまた、暴力の恐怖に敗北して自分の中にタブーを生み出してしまった苦い経験を持っている。

それは今から一〇年ちょっと前、二〇〇〇年六月七日のことだ。夕方のニュース番組が一斉にこんなニュースを読み上げた。

「月刊誌『噂の真相』編集部が右翼に襲撃され、編集長が負傷」

そして、映し出されたのは室内に散乱した家具や書類、カーペットに付着した血痕の映像。そう、この日、私が副編集長をつとめていた『噂の真相』が右翼の編集部襲撃という、メディア史上あまり例のない言論テロにあったのである。しかも、私もその現場にいて、編集長の岡留安則《おかどめやすのり》とともに暴行を受け、全治三週間の骨折という怪我を負ったのだった。

引き金となったのは、他でもない、皇室に関する記述だった。

たしかに『噂の真相』という雑誌の皇室問題に対するスタンスは以前からかなり過激なものだった。一九七〇年代以降に創刊された商業雑誌のなかでは、皇室タブーにもっとも踏み込んだメディアだったといってもいいかもしれない。象徴的なのが創刊二年目の一九八〇年に起きた皇室ポルノ事件だろう。特集記事で地下出版されていた皇室ポルノを紹介したところ、右翼団体の街宣車が印刷会社や広告主、銀行などに押し寄せ、激しい抗議行動を展開。取引を停止する関係企業が相次ぎ、廃刊の危機に陥った。

しかも、こうした重大なトラブルがあったにもかかわらず、『噂の真相』はその後も他のメディアには真似できないような切り口で次々と皇室問題に切り込んでいった。昭和天皇の危篤と死去に際しては、官邸が生前から作成していた「マル秘崩御スケジュール」を暴き、代替わり儀式である大嘗祭《だいじょうさい》の性的な秘儀にまつわる風説を一つ一つ検証した。皇太子と雅子妃の結婚の際には、「皇太子妃逆転決定に見る〝現代の生贄〟の検証」という特集で内幕に迫り、また、雅子妃の出産時には、「囁かれる「人工授精」ははたして真実なのか」という検証記事も掲載した。

もちろん、こうした記事を書けば、右翼や民族派団体からの抗議はさけられない。実際、編集部のあったビルに街宣車がつめかけたこともあったし、一九九〇年代には、文藝春秋社長宅と宝島社を銃撃した右翼団体「宏道連合」の田中宏征議長が直接、編集部に抗議に乗り込んできたこともあった。

だが、これまでのケースはいずれも話し合いで解決しており、ただの一度も暴力沙汰になってはいなかった。皇室ポルノ事件ですら、編集長が「臣　岡留安則」という名義で謝罪文を出すという時代がかった対応で事なきをえていた。そのため、『噂の真相』編集部には、右翼・民族派といえどもきちんと対応すれば理解してもらえるという認識があった。

それは、昭和天皇の死去以降、『噂の真相』の皇室記事のほとんどを執筆していた私自身も同様だった。私は政治支配制度としての天皇制は解体すべきだと考え、記事でもそう主張していたが、一方で個人的な興味から折口信夫《おりくちしのぶ》の著作なども読み、古代史や神道についても勉強していた。そのため、他のスタッフ以上に自信をもっていた。自分は天皇主義者の主張も把握したうえで理論武装しているのだから、右翼だって説得できる、と。

しかし、それは幻想だった。これから記す事件によって、私の自信は木端微塵に粉砕されてしまうことになる。

## †右翼襲撃の一部始終

二〇〇〇年六月七日の午後六時、二人の男が『噂の真相』編集部を訪れた。二人は、日本最大規模の右翼団体「日本青年社」の三多摩本部行動隊長と副隊長、用件は一カ月前に発売された六月号の記事に対する抗議だった。

『噂の真相』には欄外に一行情報といわれるハミダシ情報コーナーがあったのだが、六月号にはこんな一行情報が載っていたのだ。

「雅子が再び5月に『懐妊の兆し』で情報漏れ警戒した宮内庁が箝口令の説」

といっても、彼らが問題にしていたのは「懐妊の兆し」という情報そのものではない。

『噂の真相』はこれまで女性皇族を「雅子妃」「美智子皇后」などと表記してきたのだが、この一行情報では編集部のケアレスミスで末尾に肩書きをつけていなかった。つまり、日本青年社の二人は、「雅子さまを呼び捨てにするとは何事だ！」とやってきたのだった。『噂の真相』編集部では、抗議にやってくれば、それが誰であっても必ず室内に招きいれて話し合うようにしており、このときも二人を奥の応接間に通し、岡留と私が応対した。

しかし、彼らの抗議は、予想以上に激しいものだった。「これは許しがたい！」「呼び捨ては犯罪者扱いだろ！」と怒鳴り、「おわびに次号の発売を休刊しろ！」と、強硬に要求をつきつけてきたのである。もちろん、岡留編集長はこの要求を即座に拒否した。ただし「ミスがあったことはたしかなので、謝罪文は出す」と申し出た。だが、彼らは納得しない。

「オマエラ！　皇室を侮辱してんのか！」「謝るだけじゃ足りねえんだよ、一号休刊しろって言ってんだよ！」

押し問答が続く。たまりかねて私も口を開いた。私はもともと今回の件は謝罪文を出すほどの問題とは考えていなかった。『噂の真相』は公人の氏名については基本的に敬称略にしており、皇族についても敬称を略することがあってもいいのではないかと思っていた。

そこで、その旨を説明しようと、皇族の敬称を省略しているメディアは他にもあること、名前を呼び捨てにするというのは現代では乱暴な感じがするが、皇族はもともと苗字を持っていないため、少しニュアンスがちがうということなどを、『伊勢物語』をはじめとする平安文学の例もまじえながら、話しはじめたのである。

すると突然、私の前に座る副隊長が「なめてんのかっ！」と怒鳴り、丸太のような腕で殴りかかってきた。私は一撃で吹き飛ばされ、床に倒れこむ。さらに副隊長の大きな体が上にのってきて、パンチの嵐が浴びせられる。なんとか逃れようと相手の足にしがみつくのだが、今度は横っ腹に強烈な膝蹴りが入る。私はあまりの激痛に息ができなくなり、そのまま目の前が真っ暗になってしまった。

しばらくしてようやく気がつき、立ち上がると、目に入ってきたのは、顔面血まみれの岡留だった。岡留は隊長に顔を殴られ、クリスタル製の灰皿を投げつけられながらも、椅子をふりかざし、懸命に抵抗をしていた。物音を聞きつけ、男性編集部員三人も駆けつけたが、隊長も副隊長もめっぽう強く、大暴れする彼らを誰も止められない。ガラスのテーブル、テレビ、クリスタル製の灰皿が事務所を飛び交った。

そしてついに、隊長が台所にあった包丁を握り、岡留に向けた。誰かが「警察を呼べ！」と叫ぶ。包丁を握った彼がじりじりとこちらに詰め寄ってくる。その緊迫した場面が一五分ほど続いたとき、数人の警官が編集部に入ってきた。

## †右翼の暴力に敗北した私

警官が到着すると、彼らはようやく暴行をやめ、そのまま所轄の四谷署に連行されていった。事件後の診断で、私は肋骨を骨折していることが判明。前述したように全治三週間の負傷だった。一方、岡留は、額を六針、太股を三針も縫う、全治四〇日の重傷を負った。まさに流血の惨事だったわけだが、しかし、騒ぎがおさまると、編集部にはもう深刻なムードはなかった。『噂の真相』編集部は岡留編集長のキャラクターが影響しているのか、非常にポジティブなメンタリティをもっていて、トラブルがあってもそれをお祭りのように楽しんでしまう傾向があった。この日などはまさに典型で、ニュースを聞いた執筆者や関係者が次々に陣中見舞いにやってきて、笑い声がとびかい、編集部はちょっとしたパーティのような状態になっていた。しかも、包帯姿の岡留をはじめほとんどのスタッフはそのまま慰労会と称して近所の居酒屋に流れ、朝まで飲み続けていたのである。

だが、そのなかで私はひとり、いらだっていた。右翼に対してではない。そもそも私は右翼の言論テロに対して頭ごなしに否定する立場はとらない。言論だって一種の暴力であり、ならば、言論を武器にできない人間が言葉の代わりに暴力を使うことは、良し悪しの問題ではなくありうると考えている。だから、今でも彼らに対する憎悪の気持ちはない。

いらだちの感情は自分自身に対してだった。自分はこんなにも怯懦《きょうだ》で、暴力に弱いのか、自分の言葉はここまで無力なのか、とそのふがいなさに腹を立てていたのである。

一番印象的に覚えているのは、警察が到着する直前、刃物をもった隊長が私のほうを向いて、「雅子じゃなくて雅子さまだろ！　雅子さまと言え！」とすごんできたことだった。私は一瞬、言い返そうとしたが、これ以上、何かを言ったら刺されるかもしれないという恐怖で、それを呑み込んでしまった。彼は同じ台詞を何度も怒鳴っていたが、私はそのまま黙りこくることしかできなかった。

話し合いの席ではあんなに得々と皇族の敬称問題について語っていたのに、暴力に直面しただけで、こんなにも簡単に言葉を失ってしまうとは。あのまま、刃物をのど元につきつけられていたら、自分から「雅子さまです」と言い出しても不思議はなかった。

事件の後、四谷署で事情聴取を受けた際、私は被害届を出さなかった。そのことについて、見舞いにきた作家の宮崎学から「反権力雑誌の編集者として正しい態度だ」という言葉をもらったが、実際はそんな格好のいいものではなかった。私はあのとき、スタッフが警察を呼んでくれたことに明らかにホッとしていた。被害届を出さなかったのは自分のことが恥ずかしくてそんな気にならなかった、というのが正直なところだった。

## †芽生えた右翼への恐怖心と私の「転向」

その後も、事件のショックは私の中に根強く残った。表向きは平気な顔をして事件をギャグにしたりもしていたが、実はリスクのある題材を扱うと、必ず右翼に暴行を受けているシーンがフラッシュバックするようになっていた。

とりわけ辛かったのは、襲撃を受けてわずか一〇日後に皇太后が亡くなったことだった。皇室記事は私の担当であり、書くことはさけられない。しかも筆を鈍らせて、「『噂の真相』が暴力に屈した」と思われるわけにはいかない。胸にギブスをはめたまま、いやな汗をかきながらワープロに向かったことを覚えている。

しかも、これまで一切誰にもいわなかったが、私は事件以降、皇室記事で微妙に自主規制を働かせるようになっていた。といっても、ほとんどの読者は記事を読んでもわからないだろう。岡留以下、『噂の真相』スタッフでさえまったく気づいていなかったと思う。

実際、先の皇太后報道でも、『噂の真相』は皇太后の病名や宮中での確執など、他のメディアでは書けない内容を検証。メディア批評誌の『創』から、「事件後も『噂の真相』の姿勢は変わっていない」と評価を受けた。

だが、私の書く皇室記事は事件以前とは決定的にちがっていた。私はマスメディアが皇室問題に踏み込む際、「開かれた皇室のために」「皇室の繁栄のために」といったエクスキューズを強調したり、天皇制や皇室の問題を宮内庁という役所の体質にスリカエることに批判的で、『噂の真相』ではそういった誤魔化しをせずに、天皇制そのものへの批判的姿勢をきちんと書くことにしていた。ところが、事件以降、それができなくなってしまったのだ。天皇支配を強化する政府や皇室の威を借る宮内庁、無自覚な礼賛報道を続けるメディアに対しては、以前と変わらぬ批判ができるのに、天皇制そのものに切り込もうとすると、事件の記憶が蘇り、指先が固まってしまう。これまで、天皇制を「グロテスクな制度」とまで書いていた私が暴力に屈して「転向」をとげてしまったのである。

しかも、そのことをより明確に自覚せざるをえない事件がこの右翼襲撃の翌月に起きる。当時、森政権で官房長官のポストに就いていた中川秀直が女性スキャンダルにより辞任に追い込まれた事件をご記憶だろうか。

キッカケは後に休刊になった写真週刊誌『フォーカス』が、中川の愛人だったA子さんの妊娠・中絶の告白を掲載したことだった。『フォーカス』はさらに、覚せい剤の使用疑惑があったA子さんに中川が電話で捜査情報を流していた疑惑も報道。同誌からの提供で民放各局がその会話の録音テープを放映したことが決定打となり、中川は就任から二カ月で辞任せざるをえなくなったのである。

実はこのスキャンダル、最初に報道したのはわが『噂の真相』だった。『フォーカス』が報道する三カ月以上前の二〇〇〇年七月、A子さんが中川と自分のツーショット写真を持って編集部を訪れたのである。編集部内でも「これはスクープだ!」と盛り上がり、第一弾は取り急ぎ校了間際の九月号のグラビアページに写真と概略を掲載し、一〇月号でA子さんの証言をもとに特集を組む計画を立てた。裏取りの取材は、当時、『噂の真相』に在籍していたジャーナリストの西岡研介と私で進めることになり、その過程で『フォーカス』が報じた疑惑も摑んでいた。

ところが、九月号が校了した直後、ある大物右翼が編集部を訪ねてきた。そして対応した岡留に、中川の愛人問題を掲載しないように要求してきたのである。この大物右翼はA子さんと旧知の仲で、以前、中川とA子さんの関係を知って中川に内容証明を送りつけたこともあった。要求はおそらく、このタイミングでメディアが騒ぐと中川との交渉に不都合が出るためだろうと思われた。

もっとも、中川とA子さんのツーショットが載ったグラビアページはすでに印刷所に回っており、岡留は大物右翼の要請を拒否。『噂の真相』九月号は無事に店頭に並び、大きな反響を呼んだ。

しかし、翌一〇月号には予定していた第二弾の記事は載らなかった。実は、この大物右翼は、編集部を襲撃した右翼団体とつながりがあり、もしこのまま強行すれば再び襲撃を受けかねないと判断。掲載を延期したのである。

これは、『噂の真相』としてはかなり屈辱的なことだった。一度は掲載したとはいえ、右翼襲撃の影響で何の関係もない政治家のスキャンダルまで追及できなくなるとは……。だが、私がそれよりもっとショックだったのは、その判断にほっとしている自分がいたことだった。延期を最終判断したのは岡留だったが、それはスタッフをこれ以上、危険な目に遭わせられないという意味合いが強く、私が強硬に「やりましょう」といえば、岡留は「じゃあ、やろう」とGOサインを出したような気がする。しかし、この問題の背景が分かった途端、私自身が怖くなり、それをいいだせなかった。

記事の延期が決まった夜、私は自分がこれまでとまったくちがう自分になっていることを確信した。そして、この仕事を続ける自信を完全になくしていた。

## †『噂の真相』休刊を決定づけたもの

周知のように、『噂の真相』は二〇〇四年四月号で休刊。二五年に及ぶ歴史に自ら幕をひいた。総合月刊誌の中では『文藝春秋』につぐ売れ行きを誇り、経営状態も良好という状況での休刊は、出版業界で大きな話題になった。雑誌がなくなることを惜しむ声はもちろん、いろんな人が「なぜ？」という疑問の声を発し、さまざまな噂がとびかった。

岡留は取材に対して、「時代が読めなくなる前に余力を残して幕を引きたかった」とその理由を語っていたが、私はこの右翼襲撃が休刊のひとつの原因となったと考えている。

たしかに、岡留はかなり早い時期から、二〇〇〇年になったら自分は引退して『噂の真相』に幕を引くという計画を表明していた。一九九四年に東京地検特捜部に起訴され、裁判闘争に突入したため、二〇〇〇年引退は無理になったが、その後も裁判に目途がついたら引退すると語っていた。それが編集者としての自分の美学だ、と。

だが、その一方で、『噂の真相』のようなタブーに踏み込むメディアの必要性を強く感じていたのだろう。私を編集長にして第二次『噂の真相』をたちあげるという計画ももっていた。そして、ことあるごとに、私に「次は君が編集長をやって新しい『噂の真相』をつくれ」と迫ってきた。

私は、『噂の真相』のような過激で危険な雑誌を背負える人間は岡留以外にいないと考えていたので、「自信がない」と固辞したが、岡留はそれでもあきらめず、二、三カ月に一回くらいはこんな台詞を口にしていた。

「オレは引退するが、『噂の真相』のような雑誌は絶対必要だ」「きみがやらないなら、『噂の真相』はオレの代でおしまいになるぞ」

ところが、その岡留が右翼襲撃事件以降、そういったことを一言も言わなくなった。おそらく、岡留はこの事件の後、私が『噂の真相』を仕切っていく能力を失っていることを見抜いたのだろう。岡留は後に著書『『噂の眞相』25年戦記』でこう記している。

そして基本的にノー天気な筆者はともかく、この右翼襲撃事件でもっと大きな精神的ダメージを受けたのが川端副編集長だった。（中略）川端は口にこそ出さなかったが、この事件がトラウマになっただろうことは容易に想像がつく。こうした事実も、雑誌休刊を最終決断する要因になった。

つまり、私が暴力に屈したことが、『噂の真相』の休刊をダメ押ししてしまったのだ。我ながらなんてお粗末で情けない話だろうと思う。だが、それでもこの体験だけは正直に語っておきたかった。なぜなら、現実には、多くのメディアが私たちの知らないところで右翼や民族派団体からの抗議を受け、ひそかに転向をとげているからだ。

雅子妃に批判的な記事を頻繁に載せていた女性週刊誌がある時期から、雅子妃に同情的になった、あるお笑い芸人が、コラムなどで日中戦争を「侵略戦争」と断じ、靖国神社の存在を疑問視していたところ、ある時期からそういった台詞を一切口にしなくなった、試合前に「君が代」を歌わなかった日本代表のサッカー選手が突然、大きく口を開いて歌うようになった……。こうした転向には、たいてい右翼・民族派団体の抗議が関係している。

そして、私の見るところ、右翼から抗議を受けた人がとる態度は二種類しかない。一つは、「俺は右翼から抗議を受けたが屈しなかった」と武勇譚にする態度。もう一つは、これが圧倒的に多いのだが、抗議を受けたこと自体を隠し、人知れず転向してしまう態度だ。

この二つの態度は、真実を隠蔽しているという意味では同じである。結局、タブーに直面した人間はほとんどの場合、その経験をタブーとして封印してしまう。そして、そのことでタブーの実態はますます見えにくくなり、タブーは肥大化していく。

だとすれば、今、必要なのは、タブーに敗北して転向した人間がその体験を大きな声で語ることではないのか。そのことがタブーと暴力の関係を解き明かし、タブーを乗り越える第一歩になるはずだ。そう考えて、この無様で情けない体験を明らかにした。

## 2 皇室タブーを生み出す右翼への恐怖

## †皇室タブーに踏み込めない本当の理由

タブーと暴力の関係を解き明かそうとするとき、私たちが一番に取り上げなければならないのは、やはり天皇制、皇室をめぐるタブーだろう。皇室タブーはこの数十年間、メディアにとって最大・最強のタブーであり続けてきた。

たとえば、二〇〇四年、「紀子さま「第3子ご出産」への覚悟」という記事を掲載した女性週刊誌『女性セブン』一二月二三日号が発売直前に回収されるというトラブルがあった。出荷されていた三〇万部を回収した後、五五万部すべてを刷りなおしたため、発売日が木曜日から翌週月曜日に変更になるという異例の事態だった。

しかし、『女性セブン』はこの記事で事実誤認の情報を載せたわけでも、皇族を誹謗中傷したわけでもない。原因はただの誤植だった。この記事には「秋篠宮さま『皇太子さまへの苦言』会見で、雅子さまご公務論争再燃の波紋」というサブタイトルがついていたのだが、その「皇太子」の「太」の字が「大」になっていたのである。

誤りがあれば訂正し謝罪をするのは当然の対応だが、この程度の誤植で何千万円もかけて刷り直すというのは普通はありえない。たとえば、「総理大臣」を「総理太臣」とした誤植なら絶対にこんな対応はしないだろう。

いったいなぜ、メディアはかくも皇室をおそれるのか。この疑問に対してしばしば用意されるのは、天皇家の伝統や聖性がメディアのみならず日本人全体に敬愛や畏怖の念を抱かせ、そこに触れてはいけないという意識を自然発生させている、という回答だ。

たとえば、昭和の終わりに際して、日本列島が自粛ムードに包まれたとき、保守系の学者・評論家はこぞって、その現象を天皇の聖性、超越性に求めた。天皇主義者である小堀桂一郎や村松剛はもちろん、あの江藤淳も自粛の風景や記帳に並ぶ国民の姿について、「この人々は、老いも若きも、(中略)その皇統が悠久の古代に連っていることを知っていた」と語った(「国、亡し給うことなかれ」『文藝春秋』一九八九年三月号)。

もちろん、天皇を敬愛する国民がいることは否定しない。自宅に肖像画を掲げる人、天皇の危篤に際して皇居の前で涙する人、あるいは、皇族の式典に万歳三唱する人などもけっして強制や動員というわけではないし、心から天皇を敬う善男善女も多くいる。

だが少なくとも、メディアにおける皇室タブーは、そうした敬意に発するものではない。評論家の大塚英志《えいじ》はかつて、メディアが書き手に皇族の敬称をつけるよう強要することに対して、次のような批判を書いたことがある。

こういった皇室への「敬称」は、実のところ、皇室の人々への尊敬に基づくものではないことは、メディアに関わる人々のメディアの外での皇室に関する言動を見聞きしていてもはっきりとわかる。(『戦後民主主義のリハビリテーション』文庫版あとがき)

当時、保守論壇に属していた大塚は、「愛国者」を自称する論客たちの「人として不用意すぎる皇室についての発言」を幾度となく聞いたという。これは私も同様だ。天皇が危篤に陥ったとき、テレビ番組で「日本人なら天皇陛下を敬愛する心があるのは当然であり、それが自発的な自粛につながった」などと語っていた評論家が、新宿の文壇バーで天皇のことを「ヒロヒトは」とか「天ちゃんは」と呼んでいるのを聞いたことがある。

要するに彼らの天皇への敬愛、畏怖はポーズにすぎないのだ。だとしたら、彼らが皇室をここまでおそれる理由はひとつしかない。それは、『噂の真相』と私が直面した右翼の暴力である。実際、皇室関係の記事や番組をつくる現場では、右翼に怯えるセリフが飛び交っている。

「○○の問題を突き止めたんだけど、やっぱり右翼が怖いからね」

「それ、やばいよ、右翼に殺されちゃうよ」

ところが、それをパブリックな場で正直に吐露する人はほとんどいない。公言したのは、私の知る限り、作家の野坂昭如くらいではないだろうか。野坂は、昭和天皇危篤の自粛ムードのなかでこんなことを語っていた。

本当の意味における自粛ならば、何もいうことはない。陛下の御平癒を祈念申し上げ、シュクシュクと過ごすのは天晴れなことであろう。しかし、今の自粛は、かなりの面で「他粛」の気味合いが強い、はっきりいえば、右翼が怖いのだ。(「野坂昭如エッセイ・ワン」『週刊朝日』一九八八年一一月二五日)

## †皇室タブーが存在しなかった時代

皇室タブーは日本人の意識の古層にある自然発生的なものではなく、右翼への恐怖に起因しているという私の推察は、戦後の皇室報道を見直せばおのずと浮かび上がってくる。実は、太平洋戦争が終結した直後のGHQ占領下の時代から一九五〇年代までは、ほとんど皇室タブーは存在しなかったといってよい。

大宅壮一が一九五二年に出版した『実録・天皇記』という本がある。いわゆる天皇皇室制度の歴史を追った本だが、内容はかなり過激な表現に満ちている。冒頭から万世一系に疑義を呈し、皇室は「〝血〟のリレー」の制度であり、その血は迷信に過ぎないと断じたり、皇統維持の仕組みをミツバチの交尾になぞらえて語ったりしている。目次だけ見ても、

「銃声で気絶した明治天皇」「宮廷の赤線地帯」「性的倒錯性」「天皇製造〝局《つぼね》〟の女子従業員」「〝血〟のスペア」「徹底的なヌード試験」というフレーズが並んでいる。

この過激な内容について、文庫新版の解説を書いたノンフィクション作家の保阪正康は、『週刊朝日』二〇〇七年一月二六日号のインタビューで、「不敬罪がなくなって五年にしかならないという時期にもかかわらず、思い切りのよい言葉遣いと筆の運びには驚くばかりだ」と述べ、同書の解説でも「一九五二年の段階でよくこのような見出しをつけたとさえ思う」と書いている。だが、私は逆だと思う。敗戦直後でGHQの支配がまだ残っていたこの時代だからこそ、誰はばかることなく皇室批判を書くことができたのだ。

実際、この時期に天皇批判を書いたのは、大宅だけではない。終戦直後のこの時代には、「カストリ雑誌」と呼ばれる雑誌がいくつか創刊され、そこでは天皇批判どころか皇室侮辱とも言える記事が多く掲載されている。

なかでも突出していたのは、一九四六年に創刊された『眞相』だ。この『眞相』は、佐和慶太郎という労働運動家がつくった反権力スキャンダル雑誌で、『噂の真相』がモデルにした雑誌でもあるのだが、三一書房から復刻された同誌の特集版第二集の特集のタイトルは「ヒロヒト君を解剖する」。中身も「優生学上のヒロヒト」という分析レポートから、「天皇はチフス菌である」という評論まで、一冊丸ごとの誌面を割いて天皇を揶揄・批判している。

　こうしたカストリ雑誌だけでなく、メジャーなメディアでも、天皇の戦争責任を追及したり、歴代天皇の暗部を暴露したり、宮家の振る舞いを批判したりと、皇室に対する揶揄や批判は日常的に掲載されていた。あの保守ジャーナリズムの牙城である『文藝春秋』でさえ、中野好夫の「おそかれ早かれ、天皇制というものは廃止されてしかるべきものだ、と私は信じています」(「菊の旗印の下に」『特集文藝春秋　天皇白書』一九五六年一〇月号)、加納久朗《ひさあきら》の「皇居を移転し中央公園として皇居を開放せよ」(一九五九年一月号)といった主張を掲載している。

　またこの時期には、天皇家にまつわるご落胤の噂や、天皇の末裔を自称する人々の紹介記事も多く掲載された。南朝の末裔を名乗る熊沢天皇は特に有名になり、さまざまなメディアで取り上げられた。作家の火野葦平も、南朝系の天皇たちが南朝奉戴《ほうたい》期成同盟をつくって、天皇を退位に追い込むというユーモア小説『天皇組合』を書いている。

　取材も今から考えると、信じられないような無茶をやっている。一九五三年には、皇室評論家の河原敏明が警備をかいくぐって皇居内の「御文庫《おぶんこ》」という天皇の寝所近くまで入り込み、その模様を婦人雑誌に発表。大きな話題となった。

## †転換点となった風流夢譚事件

まさに、皇室タブーとは無縁だった一九五〇年代。しかし、だとしたらこの状況はいったいいつから変わったのか。

転換点は安保改定の翌年、一九六一年に起きた「風流夢譚事件」、別名「嶋中事件」だろう。事件の発端は、『中央公論』一九六〇年一二月号に、深沢七郎の小説「風流夢譚」が掲載されたことだった。

この小説は「私」がみた夢の話なのだが、問題はその夢の中身だった。井の頭線に乗っていたら、客達が「今、都内の中心地は暴動が起っている」と話しあっている。そこで、「私」が皇居広場に行くと、皇太子殿下と美智子妃殿下が仰向けに寝かされ、マサキリで首を切られている。さらには、昭和天皇や皇后も民衆に処刑されている。しかも、皇太子殿下と美智子妃殿下の首が「スッテンコロコロ」「転がっていった」と描写されていたり、「私」が昭憲皇太后に「この糞ッタレ婆ァ」と毒づくシーンもある。

もっとも、「風流夢譚」はたんなる反天皇小説というわけではない。むしろ、いっさいの現実的な価値を無化することが主題であり、その素材として、天皇制や安保闘争を使ったといったほうが正しいだろう。実際、文学的にも評価が高く、かの石原慎太郎も当時、

「風流夢譚」をこう評している。

とても面白かった。皇室は無責任きわまるものだったし、日本に何の役にも、立たなかったのだ。そういう、皇室に対するフラストレーション（欲求不満）を、われわれ庶民は持っている。この作品の感覚は、庶民の意識としては、ぜんぜんポピュラーだ、読んでいてショックもなかった。（『週刊文春』一九六〇年一二月一二日号）

しかし、この小説に右翼・民族派団体は激怒。大日本愛国党をはじめ複数の右翼団体が激しい抗議行動を開始した。宮内庁も当時の宇佐美長官が、『風流夢譚』は皇族に対する名誉毀損、人権侵害の疑いがあるとして、法務省に対応の検討を依頼した。この事態に、中央公論社は『中央公論』の竹森清編集長が、宮内庁や大日本愛国党・赤尾敏総裁を訪問して謝罪し、新年号で遺憾の意を表することで事態の収拾を図った。

ところが、年が明けた二月一日、事件が起きる。一カ月前に大日本愛国党に入党したばかりの弱冠一七歳の少年が中央公論社の嶋中鵬二社長宅に押し入り、嶋中夫人、さらには間に入って止めようとした手伝いの女性に包丁で切りつけたのだ。そして、夫人に瀕死の重傷をおわせ、手伝いの女性を死亡させてしまったのである。

この事件の三カ月半前、やはり大日本愛国党に所属する山口二矢《おとや》が、日本社会党委員長の浅沼稲次郎を刺殺しているが、メディアに対するテロで死者が出たのは戦後初めてのことだった。

当然、この言論テロ事件はメディアのスタンスに大きな影響を与えることになる。とくに当事者の中央公論社が受けたショックは相当のものだった。中央公論社は戦中、『中央公論』に石川達三の『生きてゐる兵隊』や谷崎潤一郎の『細雪』を掲載し、国家権力の弾圧を受けるなど、「言論の自由」に対する意識が高い出版社だった。ところが、事件後、その姿勢を一変させ、自ら「言論の自由」を捨て去ってしまったのである。

そもそも、同社の対応は事件直後から不可解なものだった。事件の五日後の二月六日には『中央公論』竹森編集長が責任をとって退社。同日深夜には、作者の深沢七郎が記者会見を開いて涙を流しながら「私の書き方が悪かったのです」と謝罪する。さらに七日には、全国紙朝刊に社長・嶋中鵬二名で、「不適当な作品であったにもかかわらず、私の監督不行届きのため公刊され、皇室ならびに一般読者に迷惑かけたこと、殺傷事件まで引き起こし世間を騒がせたことをお詫びします」という謝罪文が掲載された。

この事件で中央公論社及び嶋中社長は被害者のはずだ。それがまるで加害者のように、謝罪と処分を次々行ったのだ。そして、社内には、皇室問題や右翼に対して過剰としかいいようのない自主規制が敷かれるようになる。

同じ一九六一年の一二月には、当時、中央公論社が発行を引き受けていた雑誌『思想の科学』(編集は「思想の科学研究会」)が新年号で天皇制を特集したところ、見本誌を見た幹部が発売中止を決定。配本に回っていた雑誌まで回収して廃棄処分にしてしまうという事態も起きた。また、この事件から七年後の組合ニュースにはこんな実態が書かれている。

『自己検閲』ムードは、会社に徹底しており、したがって、天皇制や右翼批判に類する企画は、はじめから編集者は提出しておりません。……『世界の文学』の広告ネームで『革命』という文字を使うかどうか考えたり、『日本の文学』では、二・二六に関する語註で、軍部ファシストと定義するのをためらったり、帯のネームに『非人間的な軍隊機構』と書いたのに、ためらいを語る人もいます。(『中公組合ニュース』一九六七年第一一号・橋本論文／『日本読書新聞』第一四三八号より引用)

## †相次いだ出版中止事件

風流夢譚事件の後、転向を遂げたのは中央公論社だけではなかった。この事件と相前後して、皇室に関する表現でトラブルが起きると、すぐに謝罪をしたり、出版停止する風潮が出版業界全体に広がっていった。

一九六一年には、作家の大江健三郎が文藝春秋の文藝誌『文學界』一・二月号に、山口二矢をモデルにした「セヴンティーン」、同第二部の「政治少年死す」という小説を発表。複数の右翼団体から、山口の名誉を毀損していると抗議を受けると、『文學界』は編集長の名前でお詫びを出し、第二部「政治少年死す」の単行本を出版中止にしてしまう。

一九六三年には平凡出版（現・マガジンハウス）が発行する雑誌『月刊平凡』で連載されていた直木賞作家の小山いと子の実名小説「美智子さま」をめぐって、同様の事態が起きている。この作品には、皇室関係者が実名で登場し、美智子妃の初夜の様子や、潔斎、禊《みそぎ》を受けるために全裸になった妃が巫女《ふじょ》に全身をくまなく洗われる場面など、ショッキングな描写も盛り込まれていた。そのため宮内庁が「人権、人格を無視した私生活の侵害、事実とも反する」と抗議。すると平凡出版はすぐに連載終了と単行本化しないことを表明し、最終回には小山と編集部による謝罪文が掲載された。

この頃から、出版後の回収や謝罪だけでなく右翼の抗議を受けそうな記事をあらかじめ自主規制するという風潮も広がった。

こうした内部情報はなかなか表に出てこないのだが、一九六〇年代の終わりから七〇年代のはじめにかけて、作家の井上光晴が二つのメディアから天皇制批判の原稿を掲載拒否されている。

ひとつは、朝日新聞の安保特集「『国を守る』とは何か」の依頼を受けて「天皇制を否定する——守るに値しない国」という文章を寄稿したときのことだ。朝日新聞の担当者が、「これを載せれば、右翼が井上さんを狙う。不測の事態から井上さんの身を守るために」と説明して、井上の文章を掲載できないと言い出した。これに対して井上が、「私は体を張って文章を書いている。私のことは心配いらない」と返答すると、担当者は次第に理由を変更し、最後は、「貴稿については、構成表現、したがって説得力に疑問を感じました」という回答を送ってきて、原稿を没にしてしまったのだという。

もうひとつは、『新潮』一九七〇年二月号の特集「三島由紀夫の死」のために書いた「醜悪な原点」と題する原稿。井上はこの原稿で、三島の死を「醜悪」と批判しながら、朝日にボツにされた「天皇制を否定する——守るに値しない国」を採録したのだが、これも『新潮』編集長から「政治的姿勢の御発言に終始し、またその表現が生々しく」という理由で掲載拒否を通告されている。

### †ピークを迎えたメディアの過剰自粛

風流夢譚事件以降、右翼への恐怖はあらゆるメディアに伝播《でんぱ》し、ジャーナリストも作家も編集者も、天皇タブーという楔を打ち込まれて、身動きがとれなくなってしまった。
しかも、この傾向は、七〇年代、八〇年代とエスカレートしていく。右翼団体の抗議対象も広がり、「なぜこれが？」という程度の表現にまで攻撃が向かうようになり、メディアの側も「なぜこれが？」という表現を簡単に規制してしまうようになった。

代表例は、一九八三年の「パルチザン伝説」の回収事件だ。この事件の概要は、河出書房新社の『文藝』一九八三年一〇月号に掲載された新人作家、桐山襲の小説「パルチザン伝説」が右翼団体の抗議を受け、河出がこの小説の単行本化を中止したというものだ。

たしかにこの作品は、一九七〇年代に起きた、東アジア反日武装戦線が昭和天皇の乗る列車を荒川鉄橋で爆破しようとした事件がモチーフになっている。だが、「風流夢譚」のように暗殺の場面が出てくるわけではない。むしろ、新左翼運動に関わる親子の関係を通じて、戦後とは何かを問いかけるのがテーマになっている。しかも、この作品は前年の文藝賞の最終候補に残り、選考委員の江藤淳ですら「文体の整い方と、一見端正な作品のたたずまいという点からいえば、候補作四篇中の随一といってもよい」と評していたくらいだ。ところが、河出は抗議をしてきた右翼団体に対して、「単行本を出版しない」という念書まで提出したのである。

この「パルチザン伝説」はその翌年、第三書館と作品社から相次いで出版された。だが、右翼の襲撃やトラブルは何も起きなかった。そのことを考えると、河出の対応はあまりに過剰だったといえるだろう。

そして、このメディアの過剰対応は、一九八七年の朝日新聞阪神支局襲撃事件でさらに増幅され、昭和の終わりにピークを迎えることになる。

先述したように、一九八八年九月、昭和天皇が大量の吐血をして倒れて以降、この国は過剰ともいえる自粛ムードに包まれた。さまざまなイベントやスポーツの大会、コンサートなどが中止になり、レストランでのピアノ演奏が取りやめられたり、商店街が休業してしまうということまで起きた。病気が長引いたことからこの自粛ムードは、庶民の生活を圧迫。海外からは奇異の眼で見られ、途中から「いきすぎ」との批判が噴出した。

だが、こうした雰囲気を最初に作り出したのは、まぎれもなくメディアだった。これに先立つ九カ月前、月刊誌『創』が、テレビ朝日の作成した「Xデー・マニュアル」、つまり、天皇死去を想定した報道体制マニュアルが書かれた極秘資料をスクープ。そのことで、同誌編集部とテレビ朝日に複数の右翼団体の街宣車がつめかける騒ぎとなり、メディアは非常に神経質になっていた。

そして、天皇の容態が急変したその日から、テレビ各局がタモリの『今夜は最高!』(日本テレビ)、明石家さんま、ビートたけしの『オレたちひょうきん族』(フジ)、『加トちゃんケンちゃんごきげんテレビ』（TBS）などを放映中止にしたのを皮切りに、お笑い番組やバラエティを続々自粛。これが伝播する形であらゆるジャンルに自粛が広がっていったのである。まず、CMが自粛され、芸能人が結婚式を取りやめ、イベントがなくなる、という具合に……。

週刊誌では雑誌回収劇が相次いだ。『女性自身』一九八八年一〇月一一日号は、巻頭グラビアに昭和天皇の裏焼き写真を載せたとして、書店に出荷された雑誌をすべて回収した。八九年には『SPA！』が「大正天皇」を「大正洗脳」と誤植して、やはり回収措置をとる。両誌とも、右翼や宮内庁から抗議を受けたわけでもないのに、発覚後に自ら率先して対処している。

中でも『SPA！』は、自主的に全国紙にお詫び広告まで出した。その文面は「記事の一部に不穏当な誤植がありましたことを深くお詫び申しあげます」というもので、誤植の詳細を知らない一般読者には何のことだかわからないものだった。つまり、この「お詫び」は、読者に対するものではなく、右翼団体に対するアリバイづくりだったのである。

## †右派からの皇室批判にもテロが

だが、この強固な皇室タブーも、九〇年代に入ると、少し様相が変わってくる。転換点になったのは、昭和天皇にかわって明仁天皇と美智子皇后が即位したことだ。

新天皇は青年期、米国人でクェーカー教徒でもあったヴァイニング夫人が家庭教師についており、夫人の影響でキリスト教的・民主主義的な価値観をもっていると言われていた。即位の際にも、「憲法を遵守し」と発言をして、メディアを驚かせる一幕もあった。また、美智子皇后もクリスチャンの教育を受けており、国民の前に出て積極的に慈善活動を行うなど、皇室に新しい風を吹き込んだ。

このような二人の言動に対して、旧来の天皇主義者、「昭和天皇派」と呼ばれる人々は違和感をもつようになった。右翼・民族派論客のなかには、「今上天皇には期待できない。皇太子殿下に早くご即位いただきたい」と漏らす者もいた。

そして、メディアはその空気を敏感に察知し、右翼・民族派による天皇・皇后批判を断続的に掲載するようになる。

口火を切ったのは、今は休刊となった宝島社発行の評論誌『宝島30』だった。九三年八月号に、現役の宮内庁職員で「大内紀」と称する匿名の人物が「皇室の危機」という手記を発表。天皇一家が昭和天皇から受け継ぐ伝統を軽視し、快楽主義に走っていること、美智子皇后が皇室内で権勢をふるい、職員の間でも批判が高まっていることなどを暴露したのである。

これに続いて、『週刊文春』が美智子皇后の批判キャンペーンを始める。「美智子皇后が『ムッ』としたある質問」(九三年九月一六日号)、「美智子皇后のご希望で昭和天皇が愛した皇居自然林が丸坊主」(九月二三日号)、「天皇・皇后両陛下は『自衛官の制服』がお嫌い」(九月三〇日号)といった記事を毎週のように掲載。この流れに他の月刊誌や週刊誌も便乗し、美智子皇后に対して女帝批判が吹き荒れることになる。

メディアからすれば、右派の皇室批判であればテロを受ける心配はないと考えていたのだろう。だが、こうした報道に対しても右翼の言論テロ事件が起きる。

引き金になったのは、バッシングに晒された美智子皇后が、九三年一〇月二〇日の誕生日に突然声が出なくなったことだった。皇后の症状はバッシング報道の心労に違いないと、国民の間で一気に同情が広がっていく。そして一一月四日、『宝島30』の発行元である宝島社社長の実家に銃弾が撃ち込まれる。さらに、一二日には宝島社のビルが、また、一月二九日には、田中健五文藝春秋社長宅も銃撃を受ける。実行犯は後に「宏道連合」という右翼団体であることが判明。死傷者は出なかったものの、文春の社長宅では銃弾が寝室にまで達し、第二の「風流夢譚事件」になる可能性も十分あった。

右派からの皇室批判に対して右翼団体が攻撃する、という構図は不思議に思えるかもしれないが、実は右翼・民族派の皇室に対する姿勢は必ずしも一枚岩ではない。大きく分けると、「尊皇絶対」と「諫言・諫諍《かんそう》」という考え方があるといわれている。尊皇絶対は、天皇陛下と皇室を絶対的な存在として崇め、陛下ご自身が選ばれたことであれば、それがどういうものであっても尊重し、従うという立場。一方で諫言・諫諍は、たとえ天皇陛下が選ばれたことでも、皇室の伝統からかけ離れているならば、身を賭して諫《いさ》めるべきだという立場だ。この分類にならうと、『宝島30』や『週刊文春』に掲載された皇后バッシングの情報源になっていたのが、諫言・諫諍《かんそう》派。銃撃事件を起こした宏道連合は尊皇絶対派に近い考え方を持っていたということになる。

だが、こうした右翼・民族派内の差異はともかく、問題なのはやはり、メディアの主体性のなさだ。この事件が起きた直後から、あれだけ美智子皇后批判で盛り上がっていたメディアが一斉にそれを止めてしまったのである。『週刊文春』は釈明文を掲載し、さらに、同誌編集長の花田紀凱《かずよし》（現『WiLL』編集長）を『マルコポーロ』編集長に異動させた。

右派が情報を流せば飛びつき、抗議を受けるとすぐに自粛する——。この事件をみればメディアがいかに右翼・民族派の動向に左右されているかがよくわかるだろう。

### †非タブーからタブーになった雅子妃の不妊治療問題

メディアが右翼の抗議に左右されたもう一つの例といえば、十年ほど前の皇太子妃の懐妊・出産に関する報道だ。

二〇〇一年一二月一日、雅子妃は愛子内親王を出産した。このときメディアは、ある視点での報道を完全に封印してしまう。その視点とは、雅子妃の不妊治療の問題である。

もともと、雅子妃の不妊治療に触れることはタブーではなく、女性週刊誌では頻繁に取り上げられていた。たとえば一九九八年、東京大学医学部の堤治教授が宮内庁の非常勤医に就任した際には、『女性自身』（九七年一二月二三日・九八年一月一日合併号）が「宮内庁病院〝不妊治療〟の権威と雅子様の34才！」という記事を掲載している。ゴッドハンドをもつ不妊治療の権威が就任したということは、おそらく雅子様が不妊治療を始めるのだろう、という内容だった。ライバル誌の『女性セブン』もこれに追随し、体外受精や試験管ベイビーの可能性まで取材。堤教授が正式に東宮御用掛という雅子妃の主治医に就任すると、こうした不妊治療報道はさらに過熱していく。

新聞・テレビはさすがにまだ、この問題を報道していなかったが、宮内庁担当記者たちに取材すると、いくつかの社は、懐妊・出産の暁には宮内庁や医師団にどのような不妊治療をしたのかを取材し、報道することになるだろうと語っていた。たしかに不妊治療はプライバシーに属することである。だが現代では、不妊治療は決して珍しくないし、有名人の中には率先して治療内容を公開している人も多い。むしろ不妊に悩む女性に希望を与えることにもなる、という判断だった。

ところが、九九年の年末、宮内庁の発表より先に朝日新聞が「懐妊の兆候」をスクープ、その後、雅子妃が流産すると、流れは一転する。宮内庁がマスコミのせいで流産したかのような批判コメントを発表し、朝日新聞や懐妊情報を後追いしたNHKには読者、視聴者、そして右翼団体の抗議が殺到したのである。

その結果、新聞・テレビは凍りつき、〇一年四月、再び雅子妃が懐妊した際には、その事実を把握しながら宮内庁から正式発表があるまで一切報道できないという状況に陥った。そして、一部の右翼団体が新聞、テレビ局、女性週刊誌の発行元などを訪れて、「雅子妃のプライバシーを侵害するな」という趣旨の要望書を突きつけたことで、不妊治療問題についても取材・報道を封印してしまったのである。懐妊の発表会見でも、不妊治療に関する質問は一切出ず、結局、治療が行われたのかどうか検証されないまま今に至っている。

もっとも、海外のメディアには、こうしたタブーは通用しない。懐妊発表直後にはイギリスのインディペンデント紙が「試験管ベイビー」説を報じ、〇六年に発表されたオーストラリアのジャーナリスト、ベン・ヒルズの著書『プリンセス・マサコ』のなかにも、「体外受精の可能性がある」との記述が登場した。

しかし、実はこの試験管ベイビー説は事実でない可能性が高い。

不妊のための治療にはおおまかにいって四つの段階がある。もっとも簡単な治療が排卵誘発剤を処方するだけの治療、次の段階がカテーテルを使った人工授精、第三段階が卵子を体外に取り出して受精させる体外受精、そして第四段階が注射針で卵子の中に精子を入れて受精させる顕微授精、つまり試験管ベイビーなのだが、雅子妃の主治医である堤教授は、第三段階の体外受精、第四段階の顕微授精の治療実績がないのである。

実際、二〇〇三年、その堤教授の研究費流用疑惑を『噂の真相』でスクープしたとき、東大附属病院の関係者に直接取材することができたのだが、その関係者は堤教授の治療は排卵誘発剤の処方と人工授精までと証言していた。

もし、あのとき、宮内庁が事実をきちんと公表していれば、後に「試験管ベイビー」などと騒がれることもなかったかもしれない。事実を封印し、タブーにすることで、逆に地下では、根も葉もない都市伝説が流通してしまう典型例といっていいだろう。

## 3　皇室タブーからナショナリズム・タブーへ

### †ナショナリズム・タブーの台頭

さまざまな形で自主規制を生んできた皇室タブーだが、二〇〇〇年以降、その力は明らかに減退している。

とくに雅子妃が適応障害で公務を休むようになって以降、雅子妃に対して「公務のサボタージュ」「天皇、皇后をないがしろにしている」といった趣旨の批判報道が続出した。また皇太子についても、いくつかのメディアが「老体をおして公務をまっとうする天皇夫妻に比べて、私事を優先しすぎではないか」などと批判。週刊誌は、皇太子夫妻と天皇夫妻、秋篠宮夫妻との不仲説、さらには雅子妃と皇太子の離婚説まで書きたてた。

ところが、こうした報道に右翼団体や民族派が抗議した形跡はほとんどない。いったいなぜか。おそらくこの背景にも、皇后バッシングのときと同じ右派の皇室に対する失望があるような気がする。明仁天皇・美智子皇后のリベラルな言動に違和を感じていた人たちは、皇太子の代で伝統を取り戻してくれることを期待していたはずだ。しかし、皇太子夫妻は私生活を守ることに汲々としており、むしろ皇室の伝統から遠ざかっている。そんな不満があるのではないか。

実際、右派が雅子妃への批判をおおっぴらに口にするケースもでてきている。たとえば、〇五年、政財界から宗教界までが参加する日本最大規模の右派組織などが呼びかけた女性天皇反対集会で、ある学者が「(皇太子妃は)自覚が乏しい」と声をあげると、会場から拍手喝采が起こったという。メディアはこうした空気を察知して、大胆な皇室ゴシップ報道に踏み込んでいるのである。

その意味では、皇室タブーが減退しているといっても、メディアが右翼への恐怖心から自由になったということではない。一〇年ほど前から、皇室に代わって新たなタブーが台頭してきた。それは、ナショナリズムをめぐるタブーだ。

一九九〇年代の後半から、戦後日本の歴史観を問い直す「新しい歴史教科書をつくる会」や、小林よしのりの漫画作品『戦争論』が話題になるなど、太平洋戦争を肯定する動きが盛り上がる。そこでの主張は、「従軍慰安婦は強制ではなかった」「南京大虐殺はなかった」「大東亜戦争は侵略ではなく、アジア解放のための戦いだった」というものだ。そして、この状況を疑問視するメディアに対して、右翼による抗議が始まっていく。

たとえば〇一年には、NHKが番組で、「女性国際戦犯法廷」（第二次世界大戦における拷問や性暴力などの責任を、軍部や政府、天皇などの指導者に問う擬似法廷）を取り上げようとしたところ、数十人の右翼が同局内に乱入し、番組中止を要求する騒ぎとなった。さらにこの番組は、自民党の安倍晋三や中川昭一からも圧力がかかり、内容が大幅に改変された。

〇二年には、「サンデープロジェクト」で「日中戦争は自存自衛」と発言した高市早苗代議士に、司会の田原総一朗が「下品」「無知」と罵倒したのを受けて、保守系政治団体、民族派団体などが抗議行動を展開。テレビ朝日に街宣車が押し寄せた。

また、〇四年には、『ヤングジャンプ』に連載中だった本宮ひろ志の歴史漫画『国が燃える』で南京大虐殺を扱ったところ、版元の集英社に「意図的に歴史を歪曲している」という抗議や街宣がかけられ、連載が中止になった。

そして、次第に盛り上がるナショナリズム・タブーをさらに強化する問題が起きる。北朝鮮の拉致問題だ。

## †拉致問題と靖国問題がタブーに

二〇〇二年から〇四年にかけての小泉首相の訪朝は、北朝鮮による拉致の事実を明らかにしただけでなく、拉致被害者を実際に帰国させるなど社会に大きな衝撃を与えた。この驚きは右派のみならず世論にも影響を与え、「北朝鮮排撃が絶対の正義である」という雰囲気が徐々に広まっていく。北朝鮮との融和路線を主張する者はもちろん、排撃に同調しない者までもが「北の回し者」と攻撃され、拉致被害者の家族が結成した「家族会」や支援団体の「救う会」の方針に反対するメディアも徹底的に糾弾されていった。

たとえば、拉致被害者の横田めぐみさんの子どもとされるキム・へギョンさんにインタビューをしただけで、朝日新聞、毎日新聞、フジテレビが国賊扱いにされ、同じく拉致被害者の曾我ひとみさんが当時、北朝鮮に残していた夫と二人の娘のインタビューを掲載した『週刊金曜日』も袋だたきにあった。

そしてついに、〇三年九月、「建国義勇軍国賊征伐隊」と名乗るグループが、日朝首脳会議の窓口だった外務審議官・田中均の自宅に爆弾物を仕掛けるという事件が起こる。このグループは他にも、広島県教組事務所を銃撃したり、北朝鮮とパイプがあるといわれる自民党議員の野中広務、加藤紘一にも銃弾入りの封筒を送りつけていた。

この事件が決定打となり、北朝鮮への強硬路線を批判する報道がまったく出なくなる。当時、「家族会」や「救う会」にも、政治利用や金銭問題などのさまざまな疑惑があったのだが、それを追跡したメディアもほとんどなかった。

また、小泉首相は同時期に、さらなるナショナリズム・タブーを焚き付けた。任期中、毎年欠かさず靖国神社を参拝したことから論議を呼んだ「靖国問題」である。

そもそも小泉は、〇一年に出馬した自民党総裁選で八月一五日に靖国神社を参拝することを公約に掲げていた。そして、二〇〇六年まで毎年、参拝を決行。参拝時には「公的、私的にこだわらず、総理大臣、小泉純一郎として参拝した」「私は日中・日韓友好論者であり、どの国とも一つや二つの意見の対立はある」などと発言し、こうした言動が小泉人気と相まって、靖国神社をめぐる政教分離の問題やA級戦犯の分祀、対アジアの外交路線などについての争点をクローズアップさせていく。また、〇六年五月には、経済同友会が「日中関係を冷え込ませている」と異議を唱え、小泉首相が「政治は別」と反論したことから、マスコミをひっくるめての論戦がさらに過熱していった。

しかし、やはりここでも、右翼による言論テロが議論に終止符を打つ。〇六年八月一五日の午前中、小泉首相が靖国神社を参拝する。その数時間後に、自民党の加藤紘一議員が「日本のアジア外交を壊した」と批判したところ、一五日の夕刻に山形県にある加藤氏の事務所と実家が放火に遭ったのである。犯人は右翼団体の常任参与・相談役だった。

この放火事件は、幸いにして死傷者を出さなかったものの、靖国参拝を批判する人たちの口をつぐませてしまう。田原総一朗は当時の状況をこう語っている。

「私が司会する討論番組『朝まで生テレビ！』でもこの問題をテーマに議論しようとしたが、特に保守系リベラル派の論者からは次々に出演を断られた。彼らも身の危険を感じているからだ」(『論座』二〇〇六年一一月号)。

靖国をめぐっては、二〇〇八年にも大きな動きがあった。中国人監督によるドキュメンタリー映画『靖国 YASUKUNI』が、保守系国会議員のクレームとそれに呼応した右翼の街宣活動によって、上映中止に追い込まれたのだ。これに対して、日本新聞協会、日本民間放送連盟、日本ペンクラブなどが、上映中止を憂慮する談話や声明を発表していたが、しかし、メディアは、けっして自分たちの関連施設でその『靖国 YASUKUNI』を上映しようとはしなかった。それどころか、ほとんどの新聞・テレビで靖国批判がタブーになってしまったのである。

## †新しい右翼の登場と暴力の恐怖

皇室タブーが縮小し、ナショナリズム・タブーが拡大する。これはやはり、天皇の聖性がタブーを生み出しているわけではないことの証左だろう。右派が何を守ろうとするかによって、タブーの領域は明らかに変わっているのだ。

そのうえ、ナショナリズム・タブーは「右翼」のありようにも大きな変化を及ぼした。

いわゆる、「ネット右翼」や「草の根右翼」の台頭である。こうした新しい右派勢力は、既存の右翼団体とは一線を画し、インターネット上で言論を発信したり、さまざまな右派団体が主催する活動のなかから賛同する趣旨のものを選んで参加するなど、緩やかな集団として組織化されている。また、旧来の右翼らしい「〜塾」などの団体名ではなく、「〜を検討する会」「〜ネットワーク」といったソフトな名称を用い、戦闘服ではなく背広姿で現れることも多い。経済同友会への抗議行動にも、スーツ姿の会社員たちが「中国の犬」などと書かれた手作りのプラカードを持つ姿が報道されている。

ネット右翼の新しさは、活動のスタイルだけではない。ネット上で飛び交う主張を見ていく限り、彼らの話題は、歴史認識をめぐる中韓両国への批判や北朝鮮の拉致問題、尖閣諸島や竹島などの領土問題、在留外国人の排斥などに集中し、天皇あるいは天皇制の問題は求心力を持ち得ていないのだ。

しかし、新しい右翼が台頭したからといって、暴力の恐怖が減退したわけではない。彼らがネット上に書き込む言葉は、「売国奴」「天誅」「殺せ」「反日陰謀家」などの激烈なものが多く、その行動も暴力性をもったものがしばしば見受けられる。

たとえば、在日外国人の特別永住資格廃止を掲げて、この二、三年で急伸張した「在日特権を許さない市民の会」、通称「在特会」なども、その組織やスタイルは既成の右翼とはまったくちがうが、一方では、京都の朝鮮学校への抗議活動で四人の逮捕者を出すなど、行動は非常に直接的で過激なものだ。

また、和歌山県太地町《たいじちょう》のイルカ漁を批判したアカデミー賞映画『ザ・コーヴ』の上映阻止行動をしていた団体「主権回復を目指す会」は、映画館だけでなく、上映した映画館の支配人の自宅にまで抗議に押しかけ、関係者に恐怖を与えた。

北朝鮮問題で銃撃や銃弾送付などの行動で世間を騒がした前述の「建国義勇軍」も、もともとは三〇人ほどの刀剣愛好家が立ちあげた「刀剣友の会」が母体となった草の根右翼だった。義勇軍は計二四件の事件に関連して、メンバーのうち一五名が逮捕されたが、彼らは会社員や歯科医、住職などの一般人だった。

ネット右翼や草の根右翼は組織化されていないことで、逆に既成右翼団体よりも行動が過激になっている部分さえあるかもしれない。

しかも、ここで注意しておかなければならないのは、新しい右翼の台頭によって、既成右翼の言動までもがエスカレートする可能性があることだ。先述した加藤紘一宅の放火事件の犯人は既成右翼団体所属だったが、これについて宮崎学がこんな指摘をしている。

保守派論客や「ネット右翼」と呼ばれる若者たちは、ますます過激な意見を発している。被告は自分の右翼としての存在意義を示すために、もっと〝過激〟にならざるを得なかったのではなかったか。(「ニッポンの右翼大研究」『週刊朝日』二〇〇七年一月二六日号)

新右翼一水会顧問の鈴木邦男も、「右翼は何をやっているんだ。ここでテロをやらなくちゃだめじゃないか」という匿名の電話がかかってくると述べている。(『論座』二〇〇六年一一月号)

また、既成右翼の存在意義のひとつである皇室タブーもこのまま緩くなっていくとは限らない。たとえば、この先、今上天皇が重大な病気になり、重篤状態に陥ったらいったいどうなるのか。この国はおそらく、昭和の終わりと同じような自粛ムードに包まれるのではないだろうか。

現状では右派から厳しい目で見られている皇太子も、もともとは昭和天皇に近い志向をもっているといわれており、即位後は保守的な振る舞いや姿勢を打ち出す可能性もゼロではない。すでに伝統回帰的な発言を頻繁に口にしている秋篠宮やその第一男子で皇位継承順位第三位の悠仁《ひさひと》親王の場合も同様だ。そうなれば、皇室は再び右翼にとって守るべき存在になり、皇室批判に対して激しい抗議が展開されるようになるかもしれない。

そのときメディアはどうするのか。これまでの経緯を見る限り、再び皇室タブーを恐れて沈黙する可能性はきわめて高いといわざるをえない。

## 4 宗教タブーは「信教の自由」が原因ではない

### †宗教タブーと「信教の自由」は無関係

文化庁のデータによると、日本の宗教法人の数は、二〇〇九年末時点で約一八万にのぼる。こうした宗教法人のなかには、何十万人もの信者を動員できたり、政府要人にパイプをもっていたりと、直接的・間接的に政治に影響力をもつ団体もある。さらに一部の団体には、内部に不正や腐敗を抱え、反社会的な行為に手を染めているところもある。ところが、メディアは滅多に宗教団体を批判しない。不正を暴くこともほとんどない。

もし、ある新聞記者が巨大教団の不祥事のネタを摑んだとして、記事にしようと上司に報告したらどうなるだろう。おそらく上司は、「慎重に取材をしろ」と言うはずだ。もしくは、露骨に「宗教に触るな」と命じて、ボツにするかもしれない。

メディアではいったいなぜ、宗教がタブーになっているのだろうか。この問いに対して必ず持ち出される文言が、「信教の自由」である。先ほどの例で、「宗教に触るな」と言う上司に、「なぜですか？」と詰め寄ったら、おそらく「信教の自由に抵触する恐れがあるから」という答えが返ってくるだろう。

だが、私は、「信教の自由があるから、宗教を批判することには慎重であらねばならない」というこの論理は詭弁だと考えている。なぜなら、信教の自由には、信仰を選ぶ自由という以外に、宗教が強制する力からの自由という意味もあるからだ。特定の宗教とは異なる思想を表明すること、そして宗教を批判することは、「信教の自由」とはまったく矛盾しない。むしろ、宗教に対してこそ、表現や言論の自由を譲ってはならないと言ってもいいくらいだ。

### †新聞がムハンマドの風刺画を転載しなかった理由

では、本当は何が宗教をタブーにしているのだろうか。このことを雄弁に物語ったのが、「ムハンマド風刺画事件」をめぐる日本メディアの対応だろう。

「ムハンマド風刺画事件」とは、二〇〇五年にデンマークの新聞「ユランス・ポステン」が、ムハンマドの風刺画一二枚を掲載したことがイスラム教徒の反発を呼び、最初は欧州各地、最終的には中東まで抗議行動が飛び火した事件である。事件が大きくなるにつれて、ヨーロッパの新聞が風刺漫画を転載して「表現の自由」を訴え、それに怒ったイスラム教徒が各国の大使館を襲撃するというように、まさに表現の自由と宗教が真っ向からぶつかる大きな騒動に発展した。

ところが、日本のメディアの論調は欧州の報道機関とはまったく違っていた。あらゆるメディアが「表現の自由もわかるが、信教の自由もある」として、風刺漫画の転載に批判的な立場をとったのである。さらに、これ以上信教の自由を侵してはならないと主張し、どのメディアも風刺漫画を掲載しなかった。

二〇〇六年二月一一日の「読売新聞」の社説では、「風刺漫画騒動『表現の自由』には責任が伴う」と題して、このように書かれている。

風刺漫画という表現方法で、権力者や社会事象などを皮肉るのも、報道の範疇だろう。だが、それによって、敬虔な信仰心を傷つける権利までは、表現の自由にはない。

だが、これはただの言い訳でしかない。そもそも、ある表現が信仰心を傷つけるかどうかを論ずるには、それ以前に、判断材料である風刺画そのものを提示する必要があるはずだ。彼らがそれすらしなかったのには、別の理由がある。

この時期、日本新聞協会では「不測の事態を招きかねない」という理由で、風刺画を転載しないことを申し合わせていたのだ。日本雑誌協会も同様で、外務省からの「注意喚起」が加盟各社に通知されていた。そこで日本のメディアは、イスラム教徒の暴力やテロを極度に恐れ、横並びで風刺画の転載をとりやめた。

要するに、メディアが宗教批判に踏み込めない最大の要因は、暴力への恐れなのである。「信教の自由」は、この恐怖を糊塗するためのお題目にすぎない。

もともと宗教には、暴力という要素が常につきまとってきた。聖地奪還のために繰りだされた十字軍や「魔女」の処刑、サン＝バルテルミの虐殺、三〇年戦争、パレスチナ紛争、北スリランカ紛争、そして9・11のテロまで、世界中で宗教が原因となった戦争や暴力行為は絶えることなく続いてきた。

日本の宗教も例外ではない。宗教と暴力といえば、読者の多くは一九八九年から九五年にかけて起きたオウム真理教事件を思い出すかもしれない。九五年にオウム真理教が起こした「地下鉄サリン事件」は、死者一三人、負傷者六千人以上という未曾有の大規模宗教テロだった。だが実は、日本のメディアは、オウム事件よりもずっと前から、宗教のもつ暴力としかいいようのない、ある種の圧力を受けてきた。その記憶が、宗教タブーを作り出してきたのである。

## †創価学会でも、過去には暴力的な抗議が

宗教タブーを生み出したメディアの「暴力の記憶」といえば、その筆頭に書かなければならないのは創価学会だ。創価学会は、未だにメディア、とくに新聞とテレビにとっては非常に強固なタブーであり続けている。

とはいえ、現在の創価学会に具体的な暴力性は感じられない。詳しくは第3章で述べるが、創価学会がいまなおタブーである理由は、もっぱら「経済」的な要因によるものだ。

だが、一九六〇年代から七〇年代、創価学会が「鶴のタブー」と呼ばれていた時代にメディアが学会への言及を避けていたのは、やはり暴力に対する恐怖からだった。「創価学会を批判したら、報復や嫌がらせを受ける」という怯えが、メディアを支配していた。

そのイメージを決定的にしたのは、一九六九年に起きた「創価学会言論出版妨害事件」である。これは、この時期に出版、あるいは企画されていた創価学会の批判本が、学会の圧力によってことごとく刊行が妨害された事件である。なかでも有名なのは、政治評論家である藤原弘達《ひろたつ》の『創価学会を斬る』だ。

同書については、当時、佐藤内閣の幹事長であった田中角栄が、竹入義勝公明党委員長

からの依頼を受けて二度にわたって出版を差し止めるように藤原に要求したことが発覚。国会でも取り上げられ、大きな問題となった。

だが、この事件にはもうひとつのエピソードがある。藤原が田中角栄の要求を拒否して同書を刊行したところ、執拗な集団的脅迫を受けていたのだ。なかには、「交通事故に気をつけろ」「抹殺するぞ」といった予告や、藤原の子どもの誘拐をほのめかすようなものまであった。藤原が亡くなった一九九九年の翌年、未亡人が『週刊新潮』(二〇〇〇年三月三〇日号) にこのように証言している。

出版妨害事件の時は段ボール箱に3箱以上の嫌がらせの投書が来ましたし、警察がうちの子供に警備をつけなくてはならないほど脅迫が相次ぎました。主人が亡くなった時は、夜中じゅう、〝おめでとうございます〟という電話が続きました。

このような脅迫を受けたのは、藤原だけではない。嫌がらせの電話、脅迫の手紙やファックス、あるいは大勢の信者が押しかけるといったことは、当時、創価学会を批判したメディア、ジャーナリストにしばしば起きる現象だった。

また、元顧問弁護士の告発で発覚した日本共産党委員長の宮本顕治宅盗聴事件をはじめ、創価学会には、敵対勢力に対する盗聴の噂も根強くあった。日蓮正宗の信者団体である妙信講や大石寺などでも盗聴が発覚しているし、学会系列あるいは学会がスポンサーの出版社が発行する雑誌や単行本、信者のブログなどにはつい最近まで、学会を批判するジャーナリストたちの個人情報や盗撮写真などが頻繁に掲載されていた。

## †統一教会と内部告発者の殺人未遂事件

一方、一九七〇年代から八〇年代にかけて激しい抗議を行っていたのが、世界基督教統一神霊協会、いわゆる統一教会だ。

統一教会は、共産主義の一掃を目指しており、一九六八年には「国際勝共連合」という反共組織を設立している。この勝共連合はコマンドを抱え、統一教会の実行部隊としての機能も担っていた。そのため、統一教会の抗議は創価学会と似た手法をとっているものの、攻撃性という意味ではさらに激烈だった。

一九八〇年代はじめ頃から、統一教会の信者が壺や印鑑などの商品を法外な値段で売りつけているとして、それを「霊感商法」と名づけた批判が広がった。ところが、『週刊現代』(八三年四月三〇日号/五月七日号)がこの問題を初めて取り上げたところ、発行元の講談社に、統一教会だけでなく、関連会社のハッピーワールド、国際勝共連合、学生組織である原理研究会の若者までもが抗議のために押し寄せた。

雑誌『拓《ひらく》』（八三年六月号）では、その抗議の様子を「数人グループで、受付に波状的に押しかけ、会社幹部に予約なしの面会を申し込む、拒否されると大声で抗議の文句をわめき散らす、編集部内のすべての電話に、いっせいに集中的に電話をかけつづけ、執務不能に陥らせる――ということは序の口だったという」と描写している。『週刊現代』はほどなく統一教会に屈伏して、二週連続で謝罪文を掲載した。

統一教会をめぐっては暴力事件も起きている。『週刊現代』の事件と同じ一九八三年、「世界日報」という統一教会系の日刊紙をめぐって、韓国色や宗教色を緩和しようとしていた新聞社側とその行為を「乗っ取りだ」とする統一教会側が対立。統一教会側は一〇〇人ほどの勝共連合メンバーが世界日報社に乗り込み、社員に暴行を加えるなどして、同社を占拠したのだ。

さらに、この事件で辞任に追い込まれた「世界日報」元編集局長の副島嘉和《そえじまよしかず》が『文藝春秋』（一九八四年七月号）で告発記事を発表すると、再び事件が勃発する。

記事の内容は、日本から韓国の文鮮明教祖に、月に二〇億円、九年間で二千億円が送金されていたことや「霊感商法」の手口などを告発する、かなりショッキングなものだった。

ところが、その月刊誌の発売直前、副島は何者かに胸などの数ヵ所を刃物で刺され、一時は意識不明に陥るほどの重傷を負ったのである。結局、犯人は捕まらないまま時効となったのだが、状況から告発記事との関係を推察する声が広がっていった。

これらの事件を通して、メディアは、「統一教会に触ると命が危ない」など、根拠のない話も含めて統一教会に対する過剰な恐怖に怯えるようになった。そして、統一教会に対するタブー視は、一九九二年、『週刊文春』が女優の桜田淳子や元新体操選手の山崎浩子が合同結婚式に参加したことを報じるまで続くことになる。

### †政界進出狙う幸福の科学にも激烈抗議の過去

この数年、非常に活発な動きを見せている幸福の科学もメディア・タブーのひとつといっていいだろう。周知のように、同教団は二〇〇九年春に幸福実現党なる政党を立ち上げ、衆院選や参院選に多数の候補者を擁立するなど、政界進出にただならぬ意欲を燃やしている。現時点では衆参両院とも議席を持っていないが、その潤沢な資金力と動員力を考えると、将来的には議席を獲得して与野党逆転のキャスティングボードを握る可能性もゼロではない。

幸福の科学では、教祖の大川隆法総裁が歴史上の偉人たちの霊と交信して、そのメッセージを代弁する「霊言」なる手法を前面に出しており、坂本龍馬や昭和天皇、さらには存命中の金正日やオバマ大統領の守護霊にもインタビューしたと称して、さまざまな政治的メッセージを発している。場合によっては、こういう「霊言」の類が日本の政治を左右する恐れもあるのだ。

だが、大手メディアにこの宗教団体をチェックしようという動きはまったくない。幸福実現党についても旗揚げ時点で大川隆法教祖の夫人が党首をつとめ、資金は宗教団体からの借金が中心となるなど、政教分離の観点から批判があったのだが、それを追及する動きはほとんどなかった。

また、最近では突如、教団と家庭から「追放」された大川きょう子夫人が教団の内情や夫の大川総裁の言動について内部告発を行ったが、これを取り上げたのは『週刊文春』と『週刊新潮』の二誌のみだった。

こうした背景には、やはり創価学会や統一教会と同様の構造がある。幸福の科学は今から二〇年前、メディアを震え上がらせる事件を起こしているのだ。

発端は写真週刊誌『フライデー』(九一年八月二三・三〇日号)が、同教団の大川隆法総裁の結婚写真やその過去に関する証言(幸福の科学側は事実無根と主張)を掲載したことだった。雑誌発売から約三週間後の九月二日、発行元の講談社本社に突如、「『フライデー』廃刊」「社長退陣」を叫ぶ数百人の幸福の科学信者が押し掛け、廊下や応接室を占拠。パトカーまで出動する騒ぎとなった。

電話やファックスによる攻撃も同時期に開始された。編集部の電話はもちろん、営業、経理、総務、さらには無関係の日刊ゲンダイにまで抗議や無言電話、大川総裁の講演テープを流す電話が殺到し、講談社の電話はすべて不通状態に陥った。ファックスも同様で、抗議文や大川総裁の著書コピーなどがひっきりなしに流され、その重量は一〇〇キロにのぼったという。

こうした直接的な攻撃は、四日後、日刊ゲンダイが東京地裁に業務妨害執行停止の仮処分申請を行ったためかようやくやんだが、その後も、幸福の科学の信者だった作家の故・景山民夫と女優の小川知子がそれぞれ会長、副会長となって「講談社＝フライデー全国被害者の会」を立ち上げ、各地でデモや署名活動を行うなど、抗議活動は延々と続いた。

この幸福の科学とのトラブルで講談社が受けた物理的・経済的なダメージは非常に大きなもので、その記憶がメディアを今も縛り続けているのは否定できない。

## †オウム事件を止めるチャンスはあった

暴力の恐怖が宗教タブーを生み出し、その宗教タブーがさらなる暴力を生む。この構造を象徴するのが、オウム真理教のテロ事件だろう。オウム真理教の問題が初めてメディアで取り上げられたのは、一九八九年のこと。『サンデー毎日』が、「オウム真理教の狂気」と題するキャンペーン記事を連載して話題になり、他のメディアも追跡報道を始める。ところが次第に扱いが小さくなり、被害者弁護団や住民のコメントと、オウム側の主張を公平に載せるなど、過剰に教団を気遣うかたちになっていく。

これは、オウムが批判報道に対してかなり執拗で威嚇的な抗議をしたからである。先に紹介した創価学会や統一教会、幸福の科学などの手法と同じく、訴訟や抗議はもちろん、オウム批判報道に先鞭をつけた『サンデー毎日』に対しては、発行元の毎日新聞社の周辺や、編集長の自宅駅付近に抗議文を撒くという大規模なビラ配布作戦が行われた。

このような煩わしい抗議を受けることを恐れて、メディアはオウム報道から離脱していく。しかし、これは事後の目で見てのことだが、この教団がサリン事件を引き起こす危険性が垣間見える事件は、一九八九年から九四年にかけていくつも起きていた。

たとえば一九九三年には、東京都の中野区にあるオウム真理教附属医院に入院していた男性が、軟禁されたうえに所有する土地建物と現金を教団に無理やり贈与させられたと訴える事件があった。この事件は、被害者側の弁護士が、わざわざ司法記者クラブで会見を開いて詳しい資料を配ったにもかかわらず、ほとんど報道されていない。

その少し前には、上九一色《かみくいしき》村でオウム反対運動にかかわる住民の家や公民館などの計五カ所で盗聴器が発見されている。この事件も、詳細に報じたのは地元紙の「山梨日日新聞」だけで、全国紙は報道しないか、オウムの名を伏せたまま盗聴器の発見だけを取り上げた。

そして、何より批判されるべきなのは、オウム真理教の被害者を弁護していた坂本弁護士一家の殺害事件についての報道だろう。坂本一家が自宅から忽然と姿を消した直後に、オウムの犯行が疑われていたにもかかわらず、メディアはほとんど検証しなかった。坂本宅からオウムのバッジが見つかったという情報についても、多くの新聞は「富士宮市の宗教団体のバッジ」としか書いていない。

このようなメディアの姿勢は、一九九五年に上九一色村の教団本部に強制捜査が入るまで続いた。もし、それまでの事件の一つでもいいから、大手メディアが取材し、真相を大々的に追及していたら——。あの悲惨なテロを未然に防ぐことができたかもしれないのだ。

## †暴力性に左右される宗教タブー

オウム事件の後は、メディアが自らを縛る宗教タブーについて省みるようになり、「信教の自由と表現の自由との線引きが必要だ」という反省がよく聞こえてきた。

だが、繰り返すが、オウムを批判できなかった理由は、断じて信教の自由ではない。

もし、信教の自由を尊重したことが宗教を批判しない理由ならば、一九九二年の桜田淳子、山崎浩子の合同結婚式参加に端を発した、洪水のような統一教会批判は何だったのか。

その背景にあったのは、「暴力の恐怖」の減退だ。世界各地で反統一教会の動きや霊感商法批判が高まる中、一九八〇年代後半から、統一教会のメディアに対する姿勢は、それまでの強硬な路線からソフトなものに変わっていく。勝共連合が前面に出て、実力行使に及ぶケースも少なくなっていった。

しかも、『週刊文春』が桜田と山崎の合同結婚式をスクープした後、懸念されていたような抗議が起きなかったことから、他のメディアも追随して一斉にスクープ合戦がはじまったのだ。

メディア自体が宗教タブーを乗り越えたわけではない。少し前に話題になった新興宗教団体の「摂理」や「ザイン」などのセックス教団のように、批判しても抗議をしてこない相手であれば、記事が続出するのと構造は同じだ。

おそらくこれから先も、新たに執拗な抗議をする宗教団体が出てくれば、メディアはそれらの教団の批判報道を即座に宗教タブーとして封じ込めるだろう。その現実をメディアが自ら直視しない限り、第二、第三のオウム事件を止めることはできない。

## 5　同和タブーに隠された過剰恐怖の構造

### †消された総理大臣の部落差別発言

序章でも述べたが、タブーに直面したメディアの最大の問題点は、それを生み出す具体的な「理由」を検証しないまま自動的に報道を停止してしまうことだ。その結果、恐怖は実体よりも肥大化し、不可触領域はどんどん拡大していく。そして、本来語るべき真実が隠蔽され、反対に語るに値しない陰湿なデマが流通する。

この典型が、差別に関するタブー、とりわけ被差別部落をめぐる「同和タブー」だろう。

改めて言うまでもないが、同和問題のタブー構造を批判することは、部落差別を煽る言辞を擁護することではない。ネットやモバイルの掲示板を見ると、「エタは死ね」（『全国のあいつぐ差別事件二〇〇四年版』一〇〇頁）、「お前ら部落やから！　俺の会社にくり《ママ》な」（『同二〇〇六年版』七四頁）といった書き込みが掲載されていたり、グーグルが提供するインターネット上の風景画像「ストリートビュー」を利用した被差別部落の撮影画像が公開されたりしている。

こうした吐き気を催すような行為は、「同和タブー」を打ち破ることとはまったく違う。人を出自で差別する行為を否定するのは当然であり、むしろメディアの公共性を考えれば、社会における言われなき差別を正していくことこそがその責務だと言っていい。

だが、この国のメディアは、差別に抗する姿勢とは真逆の対処をしてきた。それがたとえ差別を批判する内容であっても、被差別部落に触れること自体を忌避してきたのだ。

たとえば、少し前、米国の「ニューヨークタイムズ」紙(二〇〇九年一月一六日付)が一面で、日本の部落差別問題を特集したことがある。記事は、黒人のオバマ大統領が誕生した米国と対比する形で、日本ではまだ被差別部落出身者が社会に受け入れられていないと指摘するもので、その象徴的な例として、当時の首相・麻生太郎の部落差別発言が紹介されていた。

麻生がまだ首相になる前、二〇〇一年に開かれた派閥の幹部会で、首相指名レースでライバル関係にあった野中広務・元幹事長が被差別部落出身であることを問題にし、「ああいう連中に日本国の指揮をとらせていいのか」と発言したというのだ。

ところが、このNYタイムズの記事は、日本では一切話題にならなかった。当時、麻生首相に対し、漢字の読み間違いをあげつらって集中砲火を浴びせていたメディアが、この重大な差別発言についてはただの一行も報道しなかった。

その理由を全国紙の編集局デスクに質《ただ》したところ、こんな答えが返ってきた。

「この問題は以前も野中氏自身が著書で告発したことがあって、その際は「野中氏は会合に出席しておらず、伝聞に過ぎない」として、新聞・テレビは取り上げなかった。しかし、今回のNYタイムズ紙では、会合の出席者である亀井久興《ひさおき》衆院議員が実名で発言があったことを証言しているからね。少なくとも、亀井氏にインタビューして、そのやりとりくらいは記事にできたはず。ところが、うちの会社でも、他の社でもその動きはなかった。これはもちろん、記事が部落差別に関する話だからですよ。日本の新聞・テレビでは、同和団体や当局のお墨付きがないかぎり、被差別部落に関係することは報道しない」

実際、部落差別問題に対する無意味な自主規制の例は、他でも頻発している。数年前には、『週刊現代』(〇七年二月一〇日号)が、飛鳥《あすか》会事件で逮捕・有罪判決を受けた小西邦彦被告のインタビュー記事に「被差別部落を食い物にした〝ワル〟たち」というタイトルの記事をつけたところ、読売新聞が「部落という表現は差別を助長する」と一旦、その新聞広告掲載を拒否するトラブルが起きた(その後、読売は拒否を撤回)。

また、二〇〇〇年には『月刊現代』(五月号)が「なぜ流言は広まったか? 『被差別部落』と『てるくはのる』」という記事を掲載して、同じような事態に直面している。同記事はノンフィクションライターの角岡伸彦《かどおか》が、京都の小二児童殺傷事件で被差別部落出身者の犯行というデマが流れたことを検証し、背景にある差別構造を批判した精緻なルポルタージュなのだが、タイトルに「部落」という言葉があることを理由に、複数の新聞社から広告掲載拒否、タイトルの変更を通告された。

## †馬鹿馬鹿しい差別用語の規制

こうした過剰な自主規制が広がったのは、一九七〇年代以降のことだ。新聞社やテレビ局は「要注意用語リスト」や「差別用語取り決め」を作成し、それに基づく言い換え、つまり「言葉狩り」を徹底するようになった。

そこには「特殊部落」「穢多非人」のように、あきらかな差別語も挙げられているが、なぜ要注意なのか首をかしげざるを得ない用語が多く含まれている。その代表例は、「部落」という言葉だろう。

「部落」とは本来、居住区の最小単位を指す言葉である。いわゆる「部落問題」とは、「被差別部落問題」の略語であり、「部落」という言葉自体は差別とはまったく関係ない。にもかかわらず、「この言葉使うべからず」と禁止用語にしている会社は非常に多い。

たとえば、ある作家が雑誌の連載エッセイで「部落の世話役をしている」と書いたところ、「集落の世話役」に変えられた。同様に、ある新聞では、「部落の取り組みはいまどうなっているのか」という記事を書いたところ、上層部から「部落はまずいから集落に変えろ」とクレームがついたこともある。

以前は、「四つ」や「四本指」も自主規制の対象となっていた。被差別部落民に対する蔑称として「四つ」という言葉が使われていたことが自主規制の理由だが、たんに数をさしている「四つ」という言葉までが差し替えられるなど、次々に過剰な規制が行われた。

極端な例が、『週刊文春』(一九九四年三月三日号)で、当時、部落解放同盟中央本部の広報担当だった小林健治が明かしたエピソードだ。相撲の曙対貴乃花戦で、曙が四つを組んで勝ったときのこと。ある新聞のスポーツ面で、押しの相撲を得意とする曙が四つに組んでも勝ちそうだというので、「四つも曙」とタイトルをつけたところ、整理部が「四つはまずい」として「組んでも曙」に変えてしまったという。

コミック界でも、指が四本に見える絵は、五本に描き直すというルールがある。これは『噂の真相』(一九九四年一一月号)でも指摘したのだが、『少年チャンピオン』(秋田書店)に連載されていた山口貴由《たかゆき》氏のマンガ『覚悟のススメ』で、悪者が四つの鬼を送り込むときに「4鬼!」と言いながら四本指を差し出す絵があるのだが、編集者の指示で指を五本に書きかえさせられてしまった。そのため、発売されたマンガでは、セリフと絵が合っていない奇妙なものになっている。

企業や役所でも、四本指の使用禁止を講じているケースが多い。なかでも有名なのが、NTTだ。同社の広告制作で電話をもつ手を描写する場合、どんな角度であっても指が四本に見えないようにしなければならないのだという。

漫画家の石坂啓氏は『東京新聞』(一九九五年一月七日付)にこんな経験談を記している。

知人を通じてNTT系の雑誌から対談の依頼があり、楽しく仕事をさせてもらった。赤ちゃんについての話題だったので、私が描いたイラストも使わせてほしいという。快く承諾していたら数日後に、担当の編集の人が恐縮しながら、イラストが使えなかったと連絡してきた。きいてみると「差別問題」にひっかかるという。何のことか見当がつかなかったのだが、赤ちゃんがものにつかまって立ち上がるところの絵で、指が四本しか見えていない……のがまずいというのだ。

前述したように、こうした差別語の規制は、差別の解消に役に立たないばかりか、差別の助長をもたらしている。部落差別に関する記述は、この十数年の間に公の場所から姿を消したが、反対に人目につかないところでは、以前よりももっと不健全な差別がまかり通るようになった。

そして、重大事件が起こると、必ずといっていいほど被差別部落出身者の犯人説がまことしやかに語られる。「グリコ森永事件の犯人は同和関係者だ」という噂はいまも囁かれているし、オウム事件でも教祖の麻原彰晃は被差別部落出身か在日韓国人であるという流言があった。酒鬼薔薇事件の犯人である少年や、和歌山カレー毒殺事件で死刑が確定した林真須美が被差別部落出身者であるという噂も同様だ。

『噂の真相』でもこれらの噂の真偽を調べたことがあるが、すべて何の根拠もないデマにすぎなかった。なかには麻原彰晃のように、人心掌握の手段として自ら嘘をついていたケースもあるが、「被差別部落出身者の犯人説」の多くは、理解不能な犯罪を被差別部落というマイノリティに押しつけようという倒錯した心理の表れにすぎない。

## †放置されてきた同和利権と不正

メディアが同和タブーによって隠蔽してきた問題は、差別語だけではない。同和団体や同和行政の不正をも隠蔽している。

この数年、関西地方を中心に同和行政に関連する不祥事が次々に発覚した。前述した財団法人飛鳥会の理事長で部落解放同盟飛鳥支部長の小西邦彦が、大阪市開発公社から委託された駐車場管理の事業収入から億単位の金を着服していたとされる「大阪飛鳥会横領詐欺事件」。同和建設協会（同和対策事業の一環として設立された業界団体）所属の業者と大阪市の職員が、街路樹の剪定事業をめぐる不正入札で逮捕された「大阪街路樹剪定談合事件」。解放同盟奈良市支部協議会の副議長で市の環境清美部職員が、五年間のうち八日しか出勤していないにもかかわらず、二七〇〇万円もの給与が支払われていたことが発覚した「奈良休職公務員事件」――。

こうした不正、腐敗の背景には、一九六九年に同和対策事業特別措置法、略して「同対法」が施行されて以降、同和団体と行政が一体となって作り上げた構造的な問題がある。「同対法」とは、被差別部落の劣悪な生活環境や、雇用、教育などを改善するための法律であり、その後何度か名称を替えながら、二〇〇二年三月まで継続されていた。しかし、この三十数年の間に、同和対策事業に投入された約一五兆円とも言われる資金のすべてが被差別部落の住民のために使われたわけではなく、行政を巻き込んだ一部の同和団体幹部や関係する業者の利権となってきたのである。

同和団体のなかでも、政府が同和行政の窓口と認める団体は三つあった。一つは、全国水平社の歴史を受け継ぐ最大の全国組織、部落解放同盟。二つ目は、全日本同和会から分裂した自民党系の全国自由同和会（現・自由同和会）。三つ目は共産党系の全国部落解放運動連合会、略して全解連（二〇〇四年に解散）。このうち、多数の自治体で同和対策事業の窓口になってきた部落解放同盟などでは、一部の幹部のファミリー企業が公共事業を大量に受注していたり、行政や金融機関から不透明な融資を受けるなどの疑惑・不正が浮上していた。

だが、これまでこれらの疑惑を活字にしていたのは、解放同盟と路線対立をしている共産党系のメディア、それから『噂の真相』と『同和利権の真相』シリーズ（宝島社）くらいで、マスメディアはこのような実態についてほとんど報道してこなかった。刑事事件に発展しても、捜査当局の発表や解放同盟の会見内容を載せるだけで、問題の背景についてはふれようとしなかった。

## †「食肉のドン」の不正を追及しなかったメディア

同和問題に弱いメディアの体質が露呈したのが、食肉業界の不正をめぐる報道だった。

二〇〇一年九月、日本国内で初めてＢＳＥに感染した牛が確認された。すでにＢＳＥの全頭検査の前に解体された国産牛肉もあり、その牛肉が市場に出回らないように、政府が高値で買い取って焼却する「国産牛肉買い上げ制度」が実施される。

そこで、雪印食品や日本ハムはこの制度を利用して、輸入牛肉を国産牛肉に偽装。その事実が内部告発によって発覚し、雪印は刑事告発され、解散にまで追い込まれた。ところが、牛肉買い上げでは、雪印の偽装よりもはるかに大規模な不正を行った企業があった。「食肉業界のドン」と言われる浅田満が率いる大阪の「ハンナン」と、藤村芳治が率いる名古屋の「フジチク」だ。いずれも、日本有数の食肉会社である。

両社は、国産牛肉に売れ残りの輸入牛肉を混ぜるという手口を用いて、国に大量の牛肉を買い上げさせ、補助金を騙し取っていた。〇四年の四月にはハンナンの浅田満元会長らが詐欺などの容疑で、一一月にはフジチクの藤村芳治会長（当時）らが補助金適正化法違反などの容疑で逮捕された。

しかし、実は両社が不正を働いているという疑惑は、逮捕からさかのぼること二年以上前、買い上げ制度の実施直後から浮上していた。当時、農水省が全国食肉事業協同組合連合会を経由して買い上げた六千トンの牛肉についての都道府県別内訳を公表したのだが、浅田が役員をつとめる二つの食肉組合から買い上げた量が一七一八トン、藤村が代表理事をつとめる食肉組合から買い上げた量が一二四六トン。つまり、二人がかかわる組合からの買い上げ量が半分を占めていたのだ。

しかも、メディアにはハンナンとフジチクが尋常でない量の肉を買い取らせていることや、輸入牛肉が混ぜてあることなどの告発が複数寄せられていた。ところが、この疑惑を記事にしたのは、『噂の真相』（〇二年五月号）と『週刊現代』（〇二年九月一四日号〜一二月一四日号）の溝口敦によるレポートのみ。他メディアは、浅田、藤村の逮捕が濃厚になるまで報道することができなかった。

なぜか。この背景にはハンナンとフジチクがメディアの「同和タブー」に触れる存在だったという問題がある。

周知のように、食肉業界は被差別部落と同様、長年にわたって激しい差別にさらされてきた。部落解放同盟や屠場労組は、そうした差別撤廃に向けての闘いや交渉を繰り広げてきたのだが、その一方で起きていたのが、一部の食肉業者による利権化だった。同和団体と太いパイプを持つ業者が、業界や行政を抱き込み、市場を独占していく。その典型が、「食肉同和利権を牛耳るコンビ」「肉の天皇」と恐れられた、ハンナンの浅田、フジチクの藤村の両人だったのである。

実際に、浅田元会長は部落解放同盟関係者とともに、大阪府同和食肉事業協同組合連合会、全国同和食肉事業協同組合連合会といった「同和」を冠する食肉団体の設立に関わり、その幹部として君臨してきた。そして、これらの団体を舞台に行政の担当者と癒着し、価格や流通量などを誘導していた。一九八七年には貿易自由化前の輸入牛肉の割り当て枠を上乗せすることなどの見返りに、畜産振興事業団の部長に六〇〇〇万円を渡していたことが発覚し、贈賄容疑で逮捕されたこともある。

同様に、浅田元会長の盟友であるフジチクの藤村元会長も、愛知県同和食肉事業協同組合の代表理事であり、部落解放同盟愛知県連合会との関係は深い。メディアは彼らのこの「同和」という肩書きに恐れをなして、疑惑追及を放棄してしまったのだ。

### †同和団体による激烈な「糾弾」の歴史

では、メディアはなぜ、かくも「同和」に触れるのを恐れるのだろうか。

一部では皇室タブーと同じく、同和タブーについても神話論的なタブー論が語られているが、私はその見方には違和感がある。差別の生成過程に前近代の統治形態や宗教的な迷信の利用が関係しているのはたしかだが、少なくともメディアの自主規制はもっと即物的な理由によって引き起こされていると考えるべきだろう。

それは、「抗議」「糾弾」に対する恐怖である。

同和団体、とくに部落解放同盟は、差別をする者に対して徹底的な糾弾でもって反省を迫ることを運動方針の柱としてきた。こうした糾弾は、ある時期までは非常に激烈なもので、相手を軟禁状態にして集団で取り囲み、吊し上げて恫喝することもあったという。

月刊『創』（一九九五年二月号）に掲載された部落解[redacted]談会のなかでは、一九

七〇年代までの糾弾会の様子がこのように語られている

「たとえば机をひっくりかえしたとか、ネクタイしめあげたとかね。慣れた行政マンは糾弾の場にネクタイしてこなかったですよね（笑）。事実灰皿が飛んだりとかありましたよ」

「『お前に差別されたもんの痛みがわかるか！』と言って首絞めたり、バーンと足踏んで、『どや！　痛いか！』と。」

同和団体の糾弾が本格的にメディアに向かい始めたのは、一九六七年の部落解放同盟第二二回全国大会で「マスコミに対する差別糾弾要綱」が特別決議された頃からだ。

とくに七〇年代前半は、テレビ局に対して毎月のように激しい糾弾行動が展開された。たとえば、一九七三年の一年だけを取り上げてみても、日本テレビの番組「ドキュメント'73」で、外務省職員が「私たちを特殊部落的に見てもらいたくない」と発言したことや、フジテレビ「3時のあなた」でフリーアナウンサーの玉置宏が「特殊部落ですよ、芸能界ってのは」とコメントしたことなど、一〇件近い事例について抗議や糾弾が起こっている。その中身はどれも非常に激しいもので、たとえば「3時のあなた」のケースでは、解放同盟による糾弾会に加え、部落解放同盟正常化全国連絡会議の確認会も四回にわたって開かれ、玉置が番組内で涙を流しながら謝罪することとなった。

## †筑紫哲也や田原総一朗も受けた糾弾

こうした激しい糾弾は、一九八〇年代に入ってやや緩和されていく。抗議対象についても、解放同盟の中央本部で一元化して把握するようになったため、かなり絞り込まれるようになった。さらに八〇年代の終わり頃からは、「朝まで生テレビ！」に解放同盟の小森龍邦書記長（当時）らが出演するなど、対話と理解を深めようという動きも出てきた。

だが、糾弾そのものがなくなったわけではない。亡くなったニュースキャスターの筑紫哲也氏も、一九九〇年代の前半に激しい糾弾を受けている。

発端は、一九八九年一〇月に始まったＴＢＳ「ニュース23」の第一回目の放送で、筑紫がビートたけしと対談し、アメリカ軍がコロンビアの麻薬密売を取り締まる「麻薬戦争」について、「いま麻薬の値段を吊り上げたら、ニューヨークの街もたぶん屠殺場だね」と述べたことだった。

この発言に、解放同盟の関係者も役員に名を連ねている屠場労組が抗議し、筑紫は都合九回もの糾弾を受けることになるのである。筑紫は、『[illegible]』（九四年五月二七日号）

でこの糾弾会について、「討論の経験は表現者のためにもなる」「議論する面白さがあった」と、好意的かつ楽観的に語った。しかし、筑紫の糾弾会を取材した山中央氏《おう》の『新・差別用語』（汐文社）は、その模様を次のように描写している。

四、五回までは第一回同様、〝人格が破壊されかねない〟ほどの激しい糾弾会となった。ある時は「差別とは何か、いってみろ」といわれ、あまりにも漠然とした問いに戸惑っていると、「なぜ黙っているんだ。いえないのか」とやられ、考えがまとまらずに何かをいうと、次から次へと揚げ足とりで突っ込まれる。何をいっても吊るし上げられる、一時の過激派学生の大衆団交と同じだったという。（中略）よく、解同関係者は「糾弾は教育の場」というが、筑紫糾弾会は拷問に等しい。

二〇〇五年には、田原総一朗が司会をつとめていたテレビ朝日の番組「サンデープロジェクト」も糾弾を受けている。一月二三日に放映された「食肉のドンの犯罪「政・官・業」利権構造」と題した回で、ハンナンの浅田満被告を取り上げたときのこと。番組の冒頭で、出演者の高野孟と田原の間でこのようなやりとりがあった。

田原　だいたいこの人（浅田被告）をやらないマスコミが悪いのですよ。この人が被差別部落のなんとかといっておそろしがっている。なにも恐ろしくない、本当はね。（中略）それを大谷（昭宏氏・元読売新聞記者）さんがやるんだよね。この人は被差別部落をタブー視しないからできる。

高野　大阪湾に浮くかもしれない。

これに対して、解放同盟は「浅田被告の犯罪と被差別部落を短絡的にかつ意識的に結びつける印象を視聴者に与えた」などと指摘。翌週の放送で、田原、高野、MCのうじきつよしが番組内で謝罪する。しかし、解放同盟の抗議は収まらず、二月には出演者に対する事実確認会が、五月と六月には、テレビ朝日、朝日放送に対する確認会、一二月にはテレビ朝日の広瀬道貞会長、朝日放送の西村嘉郎《よしお》社長らが出席する糾弾会が開催された。

その後、一時は田原の提案でテレビカメラを入れた糾弾会の開催も計画されたが、合意にはいたらず、「サンデープロジェクト」は二〇一〇年三月に放送終了した。

## 6 同和団体と権力に左右される差別の基準

### †同和団体に事前検閲を依頼するメディア

これまでの経緯を見ても、厳しい糾弾を受けたメディアが同和団体への恐怖を抱き、その結果、過剰な自主規制に走っていったことは否定できない。ただ、それはけっして、現在の自主規制の責任がすべて同和団体にあるということではない。

かつて被差別部落出身者は、就職差別や結婚差別はもちろんのこと、面と向かって差別用語を浴びせられることも珍しくなく、それでも泣き寝入りをせざるを得ない状況に置かれてきた。また、メディアの側も六〇年代から七〇年代はじめまでは、悪辣な差別表現を平気で垂れ流していた。こうした点を考慮すれば、弱者やマイノリティの側が自らの主張を社会に知らしめるために暴力的な糾弾を用いるのはやむをえない部分がある。しかも、六〇年代から七〇年代の「政治の季節」に暴力闘争という手段をとっていたのは部落解放運動だけではない。女性解放運動、労働運動、学生運動なども、かなり激しい告発と暴力的な糾弾を行っていた。

その意味では、「恐怖を作り出した部落解放同盟は悪だ」という論理は、本来、強い立場にあるはずのマジョリティが力のないマイノリティに優位性と暴力性があると感じてしまう心理的な倒錯、つまり、思想家のジュディス・バトラーが「パラノイアの転倒された投射」と指摘したものと同じ構造なのではないか。

同和問題がタブー化した責任はむしろ、過剰に同和団体を恐れたメディアの側にもあるというべきだろう。これまでメディアは、主体的に差別に向き合い、何が差別であるのか／ないのかを自ら判断することなく、同和団体からのあらゆる要求を飲んできた。その結果、抗議はさらにエスカレートし、タブーがますます強固になるという悪循環に陥ったのだ。

しかも、一部のメディアは、解放同盟に記事を事前に検閲してもらっている。前出の角岡伸彦は、『現代』（二〇〇〇年七月号）で、全国紙の記者から聞いたという次のようなエピソードを取り上げている。

記者が、西日本のある地方支局で部落問題に関する連載を取材、執筆したときのこと。第一稿をデスクに見せたところ、「これ、部落解放同盟に見せたの？」と尋ねられる。記者は、「運動体に見せるのは検閲みたいで変じゃないですか」と言い返したが、デスクは頑として見せるように言う。そこで、記者が解放同盟の幹部に原稿を送ったところ、「(部落問題の)解決の道のりは遠い」という記述がマイナスイメージだと指摘され、「解決は簡単にいかないらしい」に替えることになったという。

## †不正追及の裏にあった同和団体と政治権力の変化

先述したように、ここ数年間、とくに二〇〇四年から〇六年にかけて、関西を中心に同和行政や同和団体にまつわる刑事犯罪事件と不祥事が次々と発覚した。同和行政絡みの犯罪が一時期にかくも連続して摘発されるのも異例だが、メディアがこうした事件を連日にわたって大々的に報道したことはさらなる驚きだった。

とくに関西地方では、ほとんどの新聞が取材チームを組んで、同和行政の不正追及キャンペーンを展開し、これらの事件を一面で取り上げ続けた。その報道量は、一年間で戦後六〇年間分を超えたという指摘もあったほどだ。それまで、同和関係の不正事件は、逮捕者が出てもベタ記事で扱われたり、地方版に押し込められていたことを考えれば隔世の感がある。このような流れを見ると、同和行政の不正を追及する報道だけは、この数年で解禁になったといってもいいだろう。

だが、これらはメディアが自らタブーを乗り越えたわけではない。解禁は、あくまで外的な作用によるものだ。

要因のひとつに、同和団体を取り巻く状況の変化が挙げられる。人口の流動化や住民の高齢化によって、最近は被差別部落でもコミュニティの崩壊が進み、部落解放同盟をはじめとする同和団体の組織率は著しく低下しているといわれている。

また、一九六九年の施行以来、被差別部落に一五兆円もの事業費をもたらしてきた同和対策事業特別措置法が、二〇〇二年に完全に失効したことも大きかった。つまり、こうした状況から同和団体が弱体化していると見たメディアが、「いまなら、批判をしても大丈夫」との判断を働かせ始めたことが、同和行政の不正追及の背景にあると考えられるのだ。

そして、もうひとつの要因は、権力の動向である。二〇〇一年に小泉純一郎が総理大臣に就任してから、この国の権力構造は大きな変化を遂げた。「聖域なき構造改革」というスローガンのもと、郵政民営化をはじめ、経世会が支配してきた旧来の利権が次々と解体されていった。そのひとつが、同和利権だった。小泉は、同対法に代わる新たな同和対策の動きを封じ込める一方で、これまでタブーとされてきた同和行政の刑事捜査を容認した。小泉が総理に就任した直後には、検察・警察にパイプを持つ側近が、大阪地検や大阪府警の幹部に「これからは解放同盟をタブー視する必要はない」と発破をかけた、という情報がメディアに流れたこともある。

さらに、タカ派的な政治信条をもつ安倍晋三が、官房長官から首相に上りつめて権力を握るようになると、この傾向がさらに強まっていく。安倍は当時の警察庁長官だった漆間《うるま》巌《いわお》をはじめ、三谷秀史警察庁外事部長、北村滋外事課長などの公安警察人脈と関係が深く、実際に、同和不正の摘発はそのリードによって進められている。飛鳥会事件や奈良公務員事件は警察庁内部の「警察庁長官報告事件」に指定されていたというが、これは事件の規模からすれば異例としかいいようのない扱いだった。

## †タブー解禁が引き出した不毛な状況

こうして、同和タブーの有り様を見てくると、この国のメディアの救い難い体質が浮かび上がってくる。相手の力が強ければタブーの前にひざまずいて不正を放置し、相手の力が弱まれば、あるいは国家権力の後ろ盾があれば、途端に威勢のいい批判に転じる。そこには、自らの判断でタブーを乗り越えようという意志はみじんもない。

さらに同和タブーは、このようなメディアの態度がどれほど悲惨な結果をもたらすのかも明らかにした。

部落差別をめぐる問題はいま、救いがたい状況にある。長い間、メディアの過剰な自主規制によって、差別構造は解消されるどころか、より一層陰湿なかたちで温存されていた。

それが、ここ数年で一転して不正の追及が始まった結果、差別の構造が一気にむき出しになっているのだ。恐怖の転倒、正義と不正義の転倒が起き、差別感情が「お前らだけがおいしい思いをしやがって」というルサンチマンと合体して噴き出している。被差別部落への差別が書き込まれているネットの掲示板に、「利権」「エセ同和」「逆差別」などの言葉が使われるようになったこともその現れだろう。

同和団体の顔色をうかがうだけのタブー化と、権力の尻馬に乗った差別構造の増幅。メディアがやったことは結局、どこまでも差別解消とは逆の方向にしか作用しなかったのである。

# 第2章　権力の恐怖
## ——今も存在する政治家、官僚タブー

# 1　政治権力がタブーになる時

## †権力はメディアにとってタブーなのか

権力機構もまた、メディアの前に立ちはだかる強大なタブーのひとつである。

こういうと、ほとんどの人は「何を世迷い事を」と失笑をもらすかもしれない。政権や官僚の不祥事、スキャンダルなんて毎日のように報道されているじゃないか。いまどき、権力がタブーだなんていってるのは時代遅れのオールド左翼か、妄想に取りつかれた陰謀論者だけだ、と。

なるほど、最近の報道を見れば、その指摘は正しいというべきだろう。一連の大震災・原発事故報道において、メディアが電力会社タブーにしばられ、東京電力への責任追及が露骨に甘くなったことは序章で指摘したが、政府に対する姿勢はまったくちがっていた。新聞やテレビは事故発生直後から菅政権の判断ミスや不手際を徹底的に批判し、それが菅首相退陣、野田政権誕生という流れを生み出した。

その前の鳩山政権時代も同様だ。この政権では発足直後から、鳩山由紀夫首相と小沢一郎幹事長の金銭疑惑が大々的に報道され、それをきっかけに支持率が低下。両人とも辞任に追い込まれた。さらにその前の自民党政権でも安倍政権の後半や福田政権、麻生政権は閣僚、あるいは総理自身のさまざまなスキャンダル追及にさらされている。

しかし、こうした現象をもちだして権力がタブーでないと断じるのはあまりに楽観的すぎるだろう。現代の権力タブーは他のタブーのようにわかりやすくはないが、多元的で重層的な組織のパワーバランスとヒエラルキーを反映しながら、複雑かつ曖昧な形で立ち現れている。それは権力機構全体に及ぶものではないし、恒常的に存在するわけではないが、ある特定の場所、ある一時期には確実に存在している。同じ官僚機構の中でもごく一部の機関だけがアンタッチャブルな存在になっていたり、メディアの集中砲火を浴びていた政権が総理大臣がかわった途端ほとんど批判を受けなくなる、というように。

そのひとつの例が、二〇〇〇年代はじめから中盤にかけて起きた現象だろう。小泉純一郎が総理大臣に就任し長期政権を築いたこの時期、その小泉首相のスキャンダルは、まさしくタブーとしかいいようのない扱われ方をしていたのである。

## †首相のスキャンダルが封印された小泉政権時代

自民党には珍しい利権や金銭疑惑とは無縁の政治家――小泉純一郎という政治家は、現役時代、しばしばこんなふうに評されていた。小泉の強引な政治手法や新自由主義的政策に対して批判的な人も、こと金の問題にかぎっては「クリーンな政治家」というイメージを持っていたはずだ。

だが、これは大きな勘違いである。小泉元首相はけっして利権や金銭疑惑と無縁だったわけではない。国会や一部の週刊誌では、スキャンダルも頻繁に取りざたされていた。

たとえば、首相に就任して二年後の二〇〇三年二月には、小泉の実弟が社長をつとめるコンサルタント会社が、公共工事の入札情報を提供した見返りに報酬を受け取っていた問題が国会で取り上げられている。また、二〇〇三年から二〇〇四年にかけては、後援会「小泉純一郎同志会」の不透明な経理が『フライデー』や『週刊ポスト』で追及されている。他にも、首相のスポンサーである産廃業者へ巨額の助成金が拠出されていた問題や選挙剰余金の着服疑惑、政策秘書である実姉に一〇年以上にわたって後援企業から運転手付の高級ハイヤーが提供されていた問題も報道された。

なかでも、後援会の不透明経理は、家賃などの負担がないはずなのに毎年五〇〇万円前後の事務所費を計上していたというもので、二〇〇七年に松岡利勝農水相（当時）が追及を受け、自殺に追い込まれた事務所費問題とまったく同じ構図だった。しかも、小泉首相の場合は二つの団体で二重に経費を計上しており、使途不明金は二〇〇〇年から二〇〇三年の四年間で二〇〇〇万円以上にのぼっていた。

　ところが、これらの疑惑は一向に大きな問題に発展しなかった。新聞やテレビといったメディアも小泉をほとんど追及しようとしなかった。後援会の問題は毎日新聞と朝日新聞が取り上げたが、他のメディアに無視されて孤立。さらに小泉がいつもの調子で「疑惑はない」「なんら問題はない」と断言すると、アッという間に追及の動きがやんでしまった。

　実は、政治報道というのは想像以上に新聞・テレビの影響力が大きい。週刊誌やネットがいくら政治家や官僚の不正を暴き、騒ぎ立てても、政界のインサイダーである新聞・テレビがそれを後追いして追及しないかぎり、責任問題に発展することはほとんどない。逆に、新聞・テレビが動き出すと、小さな事件でも一気に拡大し、ときには刑事事件に発展することもある。

　その意味で対照的だったのが、一連の小泉疑惑より一年前に発覚した辻元清美議員の事件だ。この事件は、辻元議員が政策秘書の給与約二年分を事務所運営費に回していたというもので、金のない野党議員の事務所が以前から活動費用を捻出《ねんしゅつ》するためにやっていた軽微な不正にすぎなかった。ところが、この問題を『週刊新潮』が報じて以降、メディアは凄まじい物量の報道を展開。彼女の会見には新聞・テレビはもちろん、ワイドショーやスポーツ紙の取材陣までが押し寄せ、しどろもどろの弁明をする彼女に集団リンチのように怒号を浴びせた。そして、最終的に辻元は議員辞職の後、警視庁に逮捕されてしまうのである。

軽微な不正をしただけの野党議員を袋だたきにする一方で、もっとも厳しい監視が必要な首相の疑惑、それもはるかに手口が悪質で巨額の金が動いている疑惑を追及せず、頬かむりを決め込んでしまう。なんとも不可解な話だが、小泉首相をめぐっては、他にも似たようなケースがいくつもあった。

なかでもひどかったのは、年金未納問題だ。二〇〇四年春、年金法案の提出と軌を一にするように、小泉政権の閣僚、与野党の政治家の年金未納が次々に発覚。週刊誌から新聞・テレビまで、あらゆるメディアがヒステリックに未納議員を追及した結果、福田康夫が官房長官を、菅直人が民主党代表を辞任する事態に発展した。

ところが、である。その後、『週刊ポスト』のスクープ（二〇〇四年四月三〇日号）で小泉首相自身が未納だったことが発覚すると、状況は一転。新聞・テレビは一斉にこの年金未納キャンペーンから手を引きはじめ、未納問題そのものが幕引きになってしまうのである。このとき、小泉はたんに年金未払いだっただけでなく、一時期、知人の会社で幽霊社員になって違法に厚生年金と健康保険に加入していた疑惑も浮上している。だが、これもまったく追及されることはなかった。

とにかく小泉の首相在任期間中は万事がこんな調子で、同じ不正で他の政治家が辞任に追い込まれているのに小泉だけは追及を受けない、小泉の関与がわかると疑惑追及ムードそのものがどこかにいってしまう、そんな現象が繰り返されてきた。

## †内閣支持率と政権タブーの関係

もちろん、これは総理大臣という地位にあるもののすべてがタブーということではない。本章の冒頭で指摘したように、民主党の二人の総理大臣はもちろん、麻生太郎、福田康夫といった自民党の首相もメディアから徹底的に攻撃された。小泉以前の総理大臣も同様だ。とくに小泉の一代前の総理大臣、森喜朗は新聞・テレビでもさまざまなスキャンダルを報道され、袋叩きといえる状態になった。

では、なぜ小泉だけがタブーだったのか。まず考えられるのは、国民の絶大な人気という要因だ。小泉は自民党内の派閥調整で誕生した歴代の総理大臣とはちがい、大衆からの高い支持率を背景に誕生した。内閣支持率も就任当初は実に八〇%以上を誇り、五年目の二〇〇五年夏の総選挙では、無党派層の支持を集めて二九六議席を獲得。辞任直前の時点でも五〇パーセントを超える支持率を維持し続けた。

その意味では、小泉はマックス・ウェーバーのいう「支配の正統性」をもった戦後はじめての権力者であり、新聞やテレビがその「正統性」に抗えなくなっていたという部分はあるだろう。小泉政権を批判したら、逆に自分たちが読者や視聴者から反発を受けてしまうという恐怖がメディアを支配していた。

実際、この恐怖はあながち被害妄想ともいいきれないものだった。小泉政権誕生当初は一部の新聞やテレビが権力チェックの責務をまっとうすべく、批判的な報道を試みていた。だが、そういった報道をすると、実際に視聴者や読者から抗議の電話や投書、メールが殺到したのである。

TBS系「筑紫哲也のニュース23」でキャスターをつとめていた故・筑紫哲也も、当時、同番組で「小泉内閣解体新書」という批判企画を放映したところ、「抗議の電話やら何やらで凄まじい修羅場」になったと明かしている（『創』二〇〇一年一〇月号）。

きわめつきは、二〇〇四年五月に小泉首相が強行した北朝鮮への二度目の訪問だ。このとき、メディアは拉致被害者家族会の主張に与《くみ》する形で、成果のなかった再訪朝を「外交の敗北」「最悪の結果」と断罪した。ところが、こうした小泉を批判するメディアやコメンテーターに読者や視聴者から抗議が殺到。しかも世論調査では、再訪朝を評価する声が圧倒的で、小泉の支持率も急騰する結果となった。

おそらく、こうした苦い体験が、メディアの間に常に支持率をうかがう空気、人気のある政治家は批判しないという傾向を作り出していったのではないだろうか。

### †タブー化の裏にあった情報操作

前項では、政治権力がタブー化する上で、国民の人気や支持率が大きな要因になっていると述べた。しかし、たとえば鳩山内閣は小泉内閣に匹敵する高い支持率をマークしていた政権発足当初から、「政治と金」の問題で厳しい追及を受けた。

つまり、支持率は政権がタブーになるための必要条件ではあるが、十分条件ではないのだ。権力がタブーになるためには他にもいくつかの条件を満たす必要がある。

そのひとつが、情報操作、メディア工作に長けていることだろう。新聞・テレビ局の幹部からスポーツ紙記者まで、さまざまなメディア関係者に接近して取り込みをはかり、メディアが飛びつきそうなネタをリークして報道を誘導していく。内閣情報調査室、公安などを使ってメディアに謀略情報を書かせる。あるいは、逆に恫喝と圧力で自分たちに都合の悪い報道を封殺する……。

事実、小泉政権はそれをきわめて狡猾にやってのけていた。首相時代の小泉といえば、短い印象的なフレーズで主張を繰り返すサウンドバイトという手法を駆使し、テレビメディアを徹底的に利用したイメージ操作を行ったことで有名だが、実は裏でも、捜査機関からメディアまで広汎な人脈をもつ首相秘書官・飯島勲ら側近とともに、さまざまなメディア工作・情報操作を行っていた。

先に、二〇〇四年五月の小泉再訪朝の際、小泉を批判したメディアや拉致被害者家族会が世論の猛反発を受けたというエピソードを紹介したが、実はこれも、そうした工作の結果だった。小泉が、家族会とメディアから批判の声があがっていることを知ったのは、北朝鮮から帰国する機内でのこと。すると、小泉は即座に飯島と相談して、帰国当日の家族会との会見を急遽、冒頭のみの公開から完全公開に変更。自分自身が家族会に責められているところをわざとテレビ中継させたのである。しかもその一方で、官邸の息がかかっているメディアに家族会の批判をリーク。小泉への同情と家族会への反発を喚起し、一気に形勢を逆転してしまった。

小泉は一連の年金未納問題でも同様のことをやっている。この未納問題は当初、小泉内閣の閣僚に発覚し、追及の動きは政権に向かっていた。ところが、その直後に、野党議員の未納未加入リストが出回り、閣僚の未納を「未納三兄弟」と名付けて追及していた民主党の代表・菅直人の未納が判明。これで流れが変わり、逆に民主党は菅が代表を辞職する事態に追いつめられるのだが、この野党議員の未納未加入リストは、官邸が内閣情報調査室に命じて厚生労働省の端末から引っ張りださせ、リークしたものだといわれているのだ。小泉は菅の未納が表面化する少し前に、閣僚の未納問題を質した記者団に対して、ニヤっと笑いながら「民主党もいろいろあるらしいからね」とつぶやいたという。

また、官邸は『週刊ポスト』が小泉の年金未納を取材していることを知るや、事前に同誌のゲラを入手。飯島秘書官が同誌発売の三日も前に否定会見を開いた。そして、会見当日に小泉首相の再訪朝を急遽、正式決定。年金未納から目をそらすと同時に、新聞・テレビ各社に「疑惑を報道したら、訪朝取材がやりにくくなる」という無言の圧力を加えたのである。

## †政権を左右する霞が関のスキャンダル攻撃

政権がタブーになるかどうかを決める要素は、情報操作の手腕以外にもうひとつある。それは、霞が関の官僚たちとの関係だ。

長年にわたってこの国を支配してきた官僚機構は、政治家などとは比べものにならない膨大な情報と権限を握っている。そして、自分たちに敵対する者に対してはこうした情報や権限を総動員して、徹底的に排除しようとする。総理大臣や閣僚でも例外ではない。官僚に見放された政権、官僚に敵とみなされた大臣は、たちまち政策の行き詰まり、スキャンダル発覚などに見舞われ、その地位を追われることになる。

典型的なのがこの間、民主党に起きた事態だろう。鳩山政権が短期間で崩壊に追い込まれたのは、鳩山首相や小沢幹事長が政治と金の問題で追及を受けたことが発端だったが、これは霞が関が主導したものだった。

ほとんどの省庁は民主党が政権をとる前から、政治主導を掲げ、ドラスチックな公務員改革を打ち出していた同党に強い敵意を抱いていた。そして、なんとしても民主党が政権をとる事態を阻止しようと考えていた。東京地検特捜部はその霞が関の総意を実現するべく、総選挙の直前、小沢の秘書を微罪で強引に逮捕したのである。そして、この捜査が不発に終わり、民主党が政権をとった後も、検察は小沢の土地取引をめぐる新たな疑惑、鳩山首相の故人献金問題と、執拗に捜査を続けた。

これは陰謀論などではなく明らかな事実である。検察はこれまでも、自らがもつ公訴権や捜査権を政治的に利用してきた。自分たちの作り上げた秩序を脅かそうとする相手は、無理やり容疑をでっちあげてつぶし、その権益を維持してきたのだ。

いや、検察だけではない。警察も、自分たちの意にそわない閣僚候補のスキャンダルを調べ上げて官邸に進言し就任を阻止する、自分たちの不正を暴こうとした野党議員に嫌がらせ捜査を仕掛ける、といった謀略行為を頻繁にやってきた。最近、元公安担当記者のジャーナリスト・青木理《おさむ》が、警察庁に政官情報の収集を任務とした〈I・S《アイエス》〉と呼ばれる諜報機関が存在していることを暴露したが、この〈I・S〉なども、収集した情報を政界やメディアに恣意的に流し、世論や政局を警察組織に都合のいい方向に誘導することを目的につくられた可能性が高い。

また、小泉の後を引き継いだ安倍政権は、政府税調会長に抜擢された本間正明に愛人との官舎同棲が発覚し、それをきっかけに支持率が低下していったのだが、このスキャンダルの発信源は本間に官舎を斡旋した財務省だった。政府税調会長人事はそれまで財務省が主導権をもっており、財政規律を重視して消費税アップに肯定的な識者を就任させてきた。ところが、安倍政権はこれに抗って消費税アップに反対し、企業減税などの上げ潮政策を提唱する本間を政治任用したため、財務省が『週刊ポスト』に官舎斡旋の詳しい経緯をリークしたのである。

まさに権力の乱用というしかないが、これが日本の官僚支配の実態なのだ。官僚がその気になれば、政治権力を葬り去ることも不可能ではない。だから、政治家が権力を維持するためには、官僚組織をうまくコントロールし、彼らを味方につける必要がある。

この点についても非常に狡猾にやってのけたのが、小泉政権だった。「官から民へ」を合言葉に郵政民営化、道路公団民営化など、大胆な行政改革を打ち出したように見える小泉政権だが、実は敵に回すとうるさい主要官庁とは裏で手を握っていた。

たとえば、財務省に対しては、当時、同省出身でパイプ役をつとめていた首相秘書官・丹呉《たんご》泰健《やすたけ》（その後、同省事務次官を経て退官）を重用し、財政緊縮など財務省の意向を丸のみする政策を次々と打ち出す一方、その省益には手をつけないという配慮を見せていた。

検察との関係も同様だ。きっかけは当時、現役の大阪高検幹部が告発した検察の裏金問題を小泉が握りつぶし、検察に恩を売ったことだといわれている。その後、小泉内閣の官房副長官補だった竹島一彦が公正取引委員会委員長に就任して検察とのパイプ役になり、両者の関係は一体といっていいほど、緊密になっていった。小泉の在任中に検察が捜査した案件を見てみると、鈴木宗男、辻元清美、道路公団と、ほとんどが小泉に抵抗した勢力ばかりなのだ（辻元については、逮捕したのは警視庁だが、捜査は検察主導だったといわれている）。

そして、二〇〇四年に東京地検特捜部が捜査に乗り出した日本歯科医師連盟の違法献金事件では、当初、自民党の政治資金団体・国民政治協会や小泉内閣の閣僚の迂回献金が捜査対象になっていたはずが、結局、小泉の政敵である橋本派・経世会の一億円ヤミ献金だけが立件された。

## †橋下徹が「小泉」になる日

国民の高い支持を受けつつ、情報操作を巧みに行い、メディアと官僚をコントロールしていく。もちろん、こうしたことは誰もができる芸当ではない。実際、小泉以降のほとんどの総理大臣が小泉のやり方を踏襲し、同じようなタブー状況を作り出そうとしながら、ことごとく失敗に終わっている。

安倍政権は検察や警察に対しては小泉政権以上に密接な関係を築いていたが、財務省に敵視されたことで、支持率低下を招くスキャンダルを引き起こした。麻生政権は2ちゃんねるやニコニコ動画などネットを使った情報操作は熱心にやっていたが、マスメディアをコントロールする力がなかった。鳩山政権や菅政権にいたっては、いわずもがなだ。

しかしだからといって、今後、政治権力が二度とタブーになることはないのか、といえばそんなことはないだろう。むしろ、今のメディア状況を考えると、その危険性は以前より高まっているのではないか。

というのも、最近のメディアは自分たちが孤立することを極度におそれるようになり、政治報道の姿勢をますます極端なものにしているからだ。政権が死に体に近い状態になれば、かさにかかって責め立てるが、政権の支持が少しでも回復し、相手に強気に出てこられると、とたんに一切の批判やスキャンダル追及をやめてしまう。

政治家の側からみれば、発足数カ月後に起きる揺り戻しによるバッシング報道をうまく抑え込み、支持率を維持できれば、メディアを黙らせることはそう難しい話ではない。それどころか、歯切れのいい発言で大衆を熱狂させることができれば、メディアはさらにそれをあおる増幅装置の役割さえ果たしてくれるだろう。

実際、地方自治体レベルでは、東京都知事の石原慎太郎や大阪府知事から大阪市長に転身した橋下徹が、〝タブー〟として君臨している。石原は自ら旗振り役となってたちあげた新銀行東京の経営破綻や不正融資など、さまざまな疑惑が噴出したにもかかわらず、厳しい追及をほとんど受けないまま、今も都知事の椅子に座り続けている。先の大震災では「天罰が下った」という被災者の神経を逆なでするような失言をした際も、たった一度、謝罪をしただけでマスメディアからの追及はすぐにやんでしまった。

橋下の場合はもっと強力だ。大阪都構想を掲げて仕掛けた先のダブル選挙では、一部の週刊誌から父親の暴力団組員歴や弁護士時代のブラック企業との関係などを書きたてられながら、それをものともせず、圧勝をおさめた。その姿は、まさに小泉純一郎を彷彿とさせるもので、すでに関西のメディアでは政策批判すら許されない空気ができあがっている。

近い将来、この橋下が国政に進出し、仮に政界再編などで総理大臣の地位についたらどうなるのか。いや、橋下だけではない。たとえば、歯切れのいい物言いと甘いマスクで熱狂的な支持を集める小泉進次郎が、将来、父親と同じ立場にかけあがったら……。

そうなれば、彼らが国民の高い支持率を背景に、一切の批判を受け付けない強力な政権をつくりあげる可能性はおおいにあるだろう。そして、新聞・雑誌の不正追及は無力化し、テレビはその人気に迎合して宣伝機関となり、専横とタブー化がさらにエスカレートしていく。強まるポピュリズムと弱体化するメディア状況を考えれば、この危惧はけっして妄想とは言い切れないはずだ。

## 2　メディアが検察の不正を批判しない理由

### †証拠改竄事件は「氷山の一角」にすぎない

前節では、官僚機構が政治家にとって大きな脅威になっていることを指摘したが、それはメディアにとっても同じだ。表向きは、税金の無駄遣いキャンペーンや年金報道など、激しい官僚叩きが起きているように見えるが、一部の省庁、官僚組織は今も、批判や不正追及を許さないタブーとしてメディアを服従させている。

なかでも、最強のタブーは「法の番人」といわれる検察庁だろう。

検察をめぐっては、二〇一〇年、厚生労働省キャリアの村木厚子元局長（当時）を逮捕した郵便不正事件でその杜撰な捜査実態が次々明らかになり、公判で村木局長の無罪が確定。さらに、捜査を担当した大阪地検特捜部の前田恒彦検事が証拠のフロッピーディスクを改竄していたことが発覚し、逆に前田検事とその上司で、事件当時は大阪地検特捜部長の大坪弘道、同副部長の佐賀元明が逮捕されるという不祥事に発展した。新聞・テレビはこの事件をきっかけに大々的な検察批判を展開し、「前代未聞の不祥事だ」「検察の信頼は地に堕ちた」と驚いてみせた。

だが、私にいわせれば、この事態は「何を今さら」というものでしかない。

検察はこれまでも、事実の捏造・歪曲、不当捜査をさんざん繰り返してきた。とくに、政治家や官僚、大手企業の事件を担当する東京地検特捜部の捜査はこの一〇年、官邸や官僚機構の意をくんで、敵対勢力を排除したりスケープゴートを作り出す「国策捜査」がほとんどで、その中身も、恣意的な法適用、でっち上げのオンパレードだった。

前述した小沢一郎と鳩山由紀夫の違法献金捜査はもちろん、小泉政権にとって抵抗勢力だった鈴木宗男を狙い撃ちし、物証のないまま逮捕・起訴したムネオ事件、日本長期信用銀行への公的資金投入で世論の反発を抑えるために強行された旧経営陣の刑事摘発、規制緩和のいきすぎを牽制するために強引な法解釈で堀江貴文を微罪逮捕したライブドア事件、そして、福島原発のプルサーマル導入に反対していた当時の福島県知事・佐藤栄佐久を刑事摘発し、電策調査といわれた福島ダム汚職事件……。公判では検察側の証拠不足や矛盾が次々発覚し、なかには、長銀事件や福島ダム汚職事件のように、無罪もしくは検察側の事実上の敗北判決が出たケースも少なくない。

だが、こうした検察の暴走について、メディアはこれまで、まったくといっていいほど批判してこなかった。それどころか、東京地検特捜部のリークで被疑者の疑惑を書きたて、その捜査を正当化する役割を演じてきたのである。

たとえば、小沢一郎の事件で、検察は小沢の秘書や側近を政治資金規正法違反などで強引に逮捕・起訴したが、着手時期も、逮捕容疑もすべて前例のないもので、最終的には小沢の立件を狙った不当な捜査であることは明らかだった。しかも、検察は肝心の小沢自身の犯行を裏付ける証拠や供述をまったく得ることができず、立件を見送らざるをえなくなった（その後、検察審査会の「起訴相当」議決を受け強制起訴）。だが、新聞・テレビは捜査に疑義をはさむことなく、なんの確認もしていない情報を「水谷建設からの一億円裏献金」「ダム工事の談合を調整」「小沢氏をあっせん利得で立件か」「検察、脱税での捜査も視野」と検察にいわれるまま垂れ流し、ひたすら世論の地ならしを行った。

不正や不祥事についても同様だ。実は検察という組織は正義をふりかざして政治家や企業を摘発する一方、自分たちは平気で大手企業やブラックな人脈、政治家と癒着し、組織的にタカリ行為や利権漁りに手を染めてきた。検察幹部や特捜部出身の弁護士が問題企業や政治家の顧問弁護士になり、現役の検事と水面下で交渉をして事件の幕引きをはかるヤメ検という問題、さらには調査活動費を幹部の遊興費にあてているという裏金問題も告発された。ところが、メディアはこうした事実についても、それを知りながら一切報じてこなかった。

組織的な不正だけではない。検事の個人的な不祥事も新聞・テレビにとっては絶対的なタブーだった。たとえば、二〇〇〇年頃、東京地検特捜部で次期部長と目される岩村修二検事が運転中に重大な交通事故を起こし、同乗していた最高検公判部長が重傷を負って入院するという事故があった。事故については警察から情報が流れていたが、当初、どのメディアもまったく報道しなかった。二カ月後に岩村検事が書類送検され、ようやく報道されたが、各紙とも小さなベタ記事扱い。岩村検事は重大な交通違反を犯していたという情報があったにもかかわらず、「業務上過失傷害で書類送検」と書いただけで、詳細は触れようとしなかった。

おそらく事故を起こしたのが警官なら、大きく報道されていただろう。警察もメディアタブーのひとつではあるが、警官の個人犯罪は報道できる。だが、検察の場合はそれすら許されないほど、タブーが強固なのである。

ちなみに、岩村検事は当初より時期は遅れたものの、何事もなかったように部長に就任。その後、東京地検検事正などを経て、現在、名古屋高検検事長という要職に就いている。

## †メディアが怯える検察の取材拒否と報復

検察がここまで強固なタブーになってしまった理由のひとつはやはり、メディアにとってこの組織がきわめて重要なニュースソースだからだろう。

新聞・テレビの社会部が報道するニュースは、検察と警察がもたらすものが大半を占めるが、その中でも、政治家や有名企業の関係した大事件を担当する検察の情報は、一般市民や暴力団の犯罪を扱う警察の情報よりも上位に位置づけられている。検察発の情報は社会部が扱うニュースの中でもっともプライオリティが高いといってもいいかもしれない。

そして、こうした環境で激しい取材競争にさらされる記者は、検事から情報をもらうことを最大の目的にするようになり、検察への忠誠心を必死で示すようになる。

共同通信で検察担当だったジャーナリスト・魚住昭《うおずみあきら》は週刊誌の対談でそのメンタリティについてこう語っている。

「〝まっとうな感覚〟というのは、検察担当の記者になった途端、ほとんど消えちゃうんですよね。簡単に言うと、『ネタ』を取りたい、『特オチ（自社だけネタを落とすこと。特ダネの反意語）』は避けたいという気持ちで、ただひたすら当局からネタを取ることに全神経を集中させますから」

「それで当局と互いに情報交換しながら、お互いの利益をはかる。その中で、検事と記者の一体感が生まれるのです」（『週刊朝日』二〇〇九年五月一五日号）

それに加えて、検察のメディアに対する統制は非常に厳しい。捜査の動きを事前に報道するだけで、その社は即、検察取材を独占する司法記者クラブへの出入り禁止処分を下される、ほんの少しでも当局の意にそわない記述があれば、取材拒否を言い渡される。

日常的にこうした圧力にさらされ、常に検察の顔色をうかがっているメディアに検察批判などできるはずもないだろう。司法記者クラブのある記者は「検察のスキャンダルなんてやったら五年は干される」と真顔でその怯えを告白していたが、これが担当記者の偽らざる本音なのである。しかも、こうしたメンタリティをもつ司法記者クラブの記者はエリートであるがゆえにそのまま社会部の幹部職に就くケースが多く、その結果、新聞・テレビは会社全体が検察絶対主義に覆われていくことになる。

だが、ここで注視しなければならないのは、検察をタブー視してきたメディアが新聞・テレビだけではないことだ。たとえば、週刊誌は司法記者クラブに属しておらず、検察とは利害関係がないはずなのに、検察批判をすることはほとんどない。政治権力に対してはあれだけ激しくスキャンダルを追及している雑誌ジャーナリズムが、検察に対しては明らかに及び腰なのだ。

実は、メディアが検察を批判できない理由は、ニュースソースだということ以外にもうひとつある。それは、彼らが捜査権と公訴権という絶対的な力をもっているということだ。検察を怒らせたら、刑事摘発を受け、逮捕されるのではないかという恐怖心がその報道にストップをかけているのである。

いくら検察とはいえ、メディアを刑事摘発することなどできるわけがない、そもそもメディアが刑事事件にかかわることなんてあるのかと思われるかもしれないが、そんなことはない。メディアも営利企業である以上、脱税や背任などの経済事犯とは無関係ではいられないし、グレーゾーンに踏み込んで取材・報道することの多い週刊誌やフリージャーナリストは、取材活動や報道の中身が法律違反でひっかけられる危険性もある。

なかでも、もっとも重くのしかかってくるのが名誉毀損だ。スキャンダルを報道された側がメディアを訴える際に用いるこの名誉毀損には、あまり知られていないが、民事訴訟でメディアに損害賠償を請求する民法上の名誉毀損と、警察や検察に告訴して刑事犯罪として摘発させる刑法上の名誉毀損、というふたつの種類がある。一般的には民事訴訟を起こすケースがほとんどだが、後者の刑事告訴という方法を選択するケースもなくはない。そのため、ほとんどのメディアは民事訴訟だけでなく刑事での案件も何件か抱えている。

もちろん、この刑法上の名誉毀損は憲法違反との学説もあり、商業メディアに適用されることはほとんどなく、告訴があっても不起訴になることが圧倒的に多い。

だが、告訴を受けて最終的に起訴するかどうかを判断するのは検察である。検察の体質を考えれば、メディアが、もし検察を批判して、今、抱えている名誉毀損事件を立件されたら……と考えるのは、けっして的はずれな妄想ではない。

事実、私が副編集長をつとめていた『噂の真相』は検察の不正を追及して、その卑劣な報復を受けているのだ。

## †検察の不正を追及して起訴された『噂の真相』

先に、新聞やテレビ、週刊誌などのメディアが、検察の不正や腐敗をほとんど報道してこなかったと述べたが、実はわが『噂の真相』だけは例外だった。一九八〇年代から、リクルート事件や佐川急便事件捜査の裏にあった政界との癒着、並みいる検察幹部が花月会という会合で企業から接待漬けにされている事実、検察幹部のゴルフ場会員権購入にまつわる疑惑、さらにはヤメ検弁護士との裏取引など、検察の汚濁にまみれた実態を徹底的に追及してきた。

そして、リクルート事件の主任検事で、マスコミから「特捜のエース」と評されていた宗像紀夫《むなかたのりお》が東京地検特捜部長に就任すると、政商といわれた福島交通の小針暦二《こばりれきじ》会長との関係や捜査情報漏洩疑惑を報道した。

すると、一九九四年秋、その宗像部長率いる東京地検特捜部が突如、『噂の真相』への捜査を開始したのである。

『噂の真相』は当時、作家の和久峻三《わくしゅんぞう》、評論家の西川りゅうじんの二人から名誉毀損で刑事告訴されていた。記事はいずれも、彼らの元秘書やスタッフなど内部の人間による告発をもとに精緻な取材をしており、どう考えても刑事上の名誉毀損が成立するようなものではなかった。

ところが、検察はこの事件で、編集長の岡留と記事を執筆したデスクの神林広恵を呼び出し、のべ一週間以上にわたって執拗に取り調べた。そして、翌一九九五年六月に、二人を和久、西川への名誉毀損容疑で起訴したのである。

東京地検特捜部が商業メディアを起訴するのははじめてのこと。これだけでも異例だが、特捜部長の宗像は捜査着手前、記事の事実関係をまったく調べていない前年の夏の段階で、親しい司法担当記者に「『噂の真相』をやる」と宣言していた。つまり、『噂の真相』に対する捜査・起訴は明らかに、自分や検察のスキャンダルを追及したことへの報復、狙い撃ちだったのだ。

## †無視された特捜部長の接待スキャンダル

この東京地検特捜部による起訴は私にとって、たんに上司と部下が刑事事件に巻き込まれたというだけではすまない、非常にショッキングな出来事となった。

というのも、検察を報復に走らせた原因である一連の検察追及記事のほとんどが、私の取材・執筆によるものだったからだ。しかも、和久・西川名誉毀損事件では、私も取調べを受け、記事をチェックしたと証言したにもかかわらず、なぜかひとりだけ起訴されなかった。そのため、二人には、とくに部下である神林には、申し訳ない気持ちでいっぱいだった。

岡留、神林ともに起訴が決定した日に、「起訴記念だ！」と飲み会で気勢をあげるようなポジティブな性格で、私を責めるようなことは一切いわなかったが、個人的には検察に敵討ちをしないと二人に顔向けができないという思いがあり、以前にもまして、検察スキャンダルを熱心に取材するようになった。

そして起訴から三カ月後、ソリージャーナリストのS氏の協力で決定的な検察スキャンダルをつかんだ。二人を起訴にもち込んだ当事者である宗像前特捜部長が、パチンコ業者や恐喝や傷害で何度も逮捕歴のある弁理士らと、パチンコ業者の金で一週間のベトナム旅行に出かけていたというのだ。しかも、それは疑惑というレベルではなかった。ホーチミンの町並みをバックに宗像と彼らが一緒に写っている写真、そして旅行の費用を出した業者の証言など、決定的な証拠がそろっていた。

その時期、宗像は特捜部長から大津地検検事正に昇進していたが、私は「このネタなら、辞任に追い込める」と確信した。そして、まず、『噂の真相』一一月号に予告としてこの決定的な証拠写真を掲載し、続いて『噂の真相』が東京地検特捜部に起訴されたことを記念して私が編集人となって発行した別冊『自由な言論』に、九ページにおよぶ追及レポートを掲載したのである。

だが、その結果は、特捜部の起訴と同じくらい私にショックを与えるものだった。

予告として証拠写真を掲載したこともあり、記事は発売前から大きな話題を呼んだ。法務省・検察庁も早い時期に情報をつかみ、大阪高検検事長が宗像を事情聴取するなど、上を下への大騒ぎになっていた。

そして、『噂の真相』編集部には、別冊発売一〇日前から疑惑の全容を把握しようとするメディアの取材・問いあわせが殺到した。朝日、読売、毎日、共同通信、NHK、さらには夕刊紙、週刊誌、フリージャーナリスト、その数は二〇社以上に及んだ。別冊発売数日前には、なぜかゲラが流出して、各社ともこれをもとに取材を開始。本誌発売時点で、ほとんどのメディアはすぐに記事にできるところまで、事実関係をつめていたという。

ところが、フタをあけてみると、新聞・テレビといった大手マスコミはこの問題をまったく報道しなかった。夕刊紙、週刊誌も同様で、記事にしたのは『週刊ポスト』と『夕刊フジ』のみだった。

取材に来た全国紙社会部の記者に理由を問いただすと、こんな答えがかえってきた。

「我々現場はやる気だったんですが、上がどうしてもクビをたてにふらなかった。もともと社内では、検察を相手にすることには抵抗が強いですし、どうも、法務省や検察幹部から社会部の上のほうにいろいろいってきているみたいなんです」

こういうケースはまだましかもしれない。実は新聞・テレビからは社会部遊軍の記者以外に、検察を担当している司法記者クラブの記者も何人か取材にきていたのだが、彼らは最初から記事にするつもりなどまったくなく、検察や法務省にご注進するための情報収集にきていただけだった。

そして、宗像はこの問題を追及されることも、責任をとって辞任することもなく、その後、最高検刑事部長、名古屋高検検事長までのぼりつめた。退職後は大学で教鞭をとり、メディアで検察捜査についてもっともらしい解説をする姿も見かけるようになった。

一方、『噂の真相』はこの後、検察との裁判闘争に突入するのだが、そこでも、検察の卑劣さとメディアのだらしなさを痛感することになる。

『噂の真相』編集部は、「敗訴して悪しき判例を作ると、メディア全体に悪影響を及ぼす」との思いもあり、裁判に勝つために全力を傾けた。記事では匿名だった証言者に証言台にたってもらう一方、新たな物証や証人を見つけ出し、記事の真実性を次々と立証した。

ところが、これに対し、検察は驚くべき対応に出る。『噂の真相』の記事の間違いを立証することを放棄し、記事が事実かどうかにかかわらず、私生活に踏み込んでいることが名誉毀損罪にあたると主張し始めたのだ。

そして、裁判所もこれを追認。一〇年にわたって最高裁まで争ったが、二〇〇五年三月、「一部でも私生活の行状を書けば、記事全体が名誉毀損に該当する」という目茶苦茶な論理で、岡留編集長に懲役八ヵ月執行猶予二年、神林デスクに懲役五ヵ月執行猶予二年という判決が確定してしまった。

この判例にならえば、今の週刊誌やワイドショーの報道のほとんどすべてを「犯罪」と認定し、発行元の社長や編集長を片っ端から「お縄」にすることが可能になる。ところが、ここでも新聞やテレビは、その危険性を指摘することはまったくなく、あたかも『噂の真相』が不正確な記事を書いて、有罪になったかのような報道をタレ流し続けた。

## 3 愛人報道、裏金問題で検察タブーはどうなったか

### †朝日が一面で引用した『噂の真相』の検事長愛人報道

この強固な検察タブーは、しかし、ある時期、一瞬だけ崩れたことがある。そのひとつはやはり、『噂の真相』の報道がキッカケだった。

宗像報道から四年後の一九九九年、『噂の真相』は当時の検察ナンバー2で次期検事総長が確実視されていた則定衛《のりさだまもる》・東京高検検事長の女性スキャンダルを掲載する。記事は則定検事長の愛人だった元銀座ホステスが、出会いからSEX、堕胎させられていた事実までを赤裸々に告白したもので、そこには公費での出張同伴、偽名でのホテル宿泊、彼女と

別れる際の慰謝料を知り合いのパチンコ業者に肩代わりさせていたことなど、則定が検察官としてあるまじき不正行為を働いていた事実もはっきりと暴露されていた。まさに超弩級のスクープであり、編集部には発売数日前から、宗像報道のときと同様、いやそれ以上に新聞・テレビ・週刊誌の取材・問いあわせが殺到した。

もっとも、取材に対応しながら、私はもちろん編集部の誰もが、「この連中は検察幹部へのご注進のためにきているだけ。宗像のときと同じで、実際に報道する社なんてひとつもないだろう」と考えていた。

ところが、である。その則定スキャンダルが掲載された『噂の真相』一九九九年五月号発売前日の四月九日、朝日新聞朝刊の一面トップにこんな大見出しが躍ったのである。

「東京高検　則定検事長に『女性問題』　最高検、異例の調査へ　進退問題に発展も」

朝日が検察幹部のスキャンダル、それも女性スキャンダルを一面トップで記事にするというのはきわめて異例のことだった。しかも、メディアの世界では鬼っ子的存在の『噂の真相』の記事を「『噂の真相』（五月号）によると」と誌名を出して、紹介したのである。これには、私も驚きを禁じ得なかった。

そして、この朝日の報道をキッカケにして、他のメディアも一斉に則定問題を報道し始める。毎日、読売、日経などの一般紙はその日の夕刊で、NHKや民放各社も昼のニュースでこぞって報道した。そして、当初は疑惑に頬かむりして逃げ切ろうとしていた法務省・検察庁もこれで追い詰められ、とうとう、則定検事長が辞表を提出する事態となる。宗像報道のときはあんなにぶあつかった検察タブーの壁が崩れたのである。

## †タブー解禁は権力内部の対立から始まる

では、検察に弱いメジャーな新聞社がなぜ、こんな報道ができたのか。

これについては、メディア業界でも首をひねる向きが多く、その結果、謀略説も流れた。とくに根強く囁かれていたのが、当時の東京地検検事正・石川達紘《たつひろ》と朝日新聞の共謀説だ。当時、検察内部で、則定と激しく対立し、六月の人事で外されそうになっていた石川が巻き返しのためにスキャンダルを子飼いの朝日新聞司法記者に提供したが、朝日は自ら第一報を打つのは露骨すぎると判断した。そこで、『噂の真相』に最初に書かせ、それを紹介する形にしたというものだ。

この謀略説はメディア業界だけでなく、永田町、霞が関、さらには当の検察内部でも流通していたようで、当時、最高検の堀口勝正次長検事が新聞、民放の司法担当記者から囲み取材を受けた際、朝日の記者に向かって「なぜあんな雑誌の記事を一面トップに引用するんだ、検事長追い落としの謀略か！」と怒鳴りつけたというエピソードも残っている。

だが、結論からいうと、これらの謀略説はまったく見当違いなものだった。

私は則定報道の一部始終を見てきたが、報道の経緯はしごく単純なものだった。発端は、則定の元愛人・A子さんの友人からのタレコミだった。ある日、「私の友人に、検察のえらい人の愛人だった女性がいる。ひどい目に遭わされたようなので、取材したらどうか」という電話が編集部にかかってきた。そこで、当時、編集部に在籍していた記者の西岡研介がA子さんに連絡し、三カ月にわたって彼女を説得。誌面に登場してもらったのである。

朝日との間にも特別な関係があったわけではなかった。そもそも、『噂の真相』編集部は発売数日前の段階で、朝日だけではなく、取材にきたすべてのメディアに同じように情報を提供していたのだ。朝日が独走する形になったのは、他社が検察タブーに怯えてそれを報道することに尻込みし、朝日だけが敢然と報道した、それだけのことだ。

ただし、さらに奥を探っていくと、タブー解禁の背景には検察内部の事情というものがかかわっていたことは否定できない。実は、『噂の真相』はこの女性スキャンダルの前にも則定のことを取り上げたことがある。半年前の九八年一二月号に「防衛庁背任事件でも〝検察の癌〟を証明した東京高検・則定検事長の特捜部への圧力工作」という特集記事を掲載。則定が永田町や霞が関の意向を受けて、当時、特捜部で捜査中だった防衛庁背任事件をはじめ、幾多の事件捜査をつぶしてきたこと、そして検察官らしからぬダーティな人脈をもっていることを厳しく追及していた。この記事がたまたま、則定の元愛人のA子さんの目に留まり、A子さんは友人に則定との関係を告白。怒った友人が『噂の真相』なら取り上げるだろう」と編集部にタレコミ電話をかけてきたのである。

いわば、女性スキャンダルの引き金をひいた記事なのだが、この九八年一二月号の記事には今だから明かせる事実がある。この記事は私が企画したのだが、そのキッカケは検察内部から寄せられた情報だった。

当時、東京地検の現場の検事たち、とくに特捜部の検事たちの間では、こんな不満の声が飛び交っていた。

「レンガ派のやり方は目に余る。なんとかならないのか!」

「レンガ派」というのは、東京地検を管轄する法務省の官僚のこと。検察という組織には法務官僚出身の主流派が主導権を握り、幹部職を独占してきた歴史があるのだが、九〇年代の終わりごろから、その法務官僚出身の上層部の発言力が一層強くなり、特捜部などがやっている政界捜査にことごとく圧力をかけるようになっていた。とくに、官僚出身グループのボス的存在だった則定はその急先鋒だった。

こうした状況に業を煮やした捜査現場派の検事たちが、ある人物を介して私に「則定こそ検察のガンだ」という情報をよせてきたのである。おそらく朝日新聞が『噂の真相』の記事を大きく取り上げたのも、この捜査現場派の則定への不満と無関係ではなかったはずだ。通常、新聞がこうした検察スキャンダルを掲載するとなったら、司法担当記者や司法担当OBの社会部幹部が絶対に止めに入ってくる。それがなかったのは、「則定許すまじ」という捜査現場の空気が朝日の司法担当にも伝わっていたからだと考えられる。

その意味で、この検察タブーの解禁は、権力内部の対立がメディアを後押ししたといっていい。権力内で対立が起きると、メディアは一方の勢力に乗っかる形で、対立する勢力の批判をすることができるようになる。すると、批判された側が別のメディアに情報を流して、反撃をする。こうした応酬で、いつのまにかタブーが崩れることがあるのだ。

実は、先述の大阪地検特捜部による証拠改竄事件もこの構造が背景にある。この事件の第一報は朝日新聞だったが、そもそもの発端は前田検事の同僚である大阪地検の現職検事二名が最高検に内部告発したことだった。また、最高検が事実を比較的早く認め、前田検事だけでなく特捜部長と副部長の逮捕まで決断した背景には、大阪高検・大阪地検に代表される関西検察がずっと、最高検を頂点とする検察主流派と一線を画してきたことがあるという。つまり、最高検は対立関係にある関西検察にすべての責任をかぶせ、とかげのしっぽきりで事態の収拾をはかったのだ。

司法担当記者の多くは、「東京で同じことが起きたとしたら、おそらく握りつぶされていただろう」と口をそろえる。

## †裏金を告発して口封じ逮捕された現役検察幹部

いずれにしても、マイナーな月刊誌が検察ナンバー2のクビをとったという則定報道の結末は、メディアを大いに勇気づけた。この後、週刊誌では明らかに検察批判が解禁になり、新聞・テレビにも少しずつ検察批判が掲載されるようになる。

だが、それは長くは続かなかった。タブー解禁の空気は、二〇〇二年に起きた検察の裏金告発を機に一変する。

検察には、検察官が情報収集や内偵のために使う経費として「調査活動費」というものが認められ、毎年、全国の検察庁に数億円もの予算がつけられている。当時、大阪高検の公安部長という要職にあった三井環《たまき》という人物が、この調査活動費について、検察が組織ぐるみで料亭やゴルフなどの遊興費に不正流用していることを告発したのである。

この告発を最初に掲載したのは『噂の真相』だったが、則定報道以降、検察タブーが弱まったことを証明するように、『週刊現代』『週刊朝日』などの週刊誌も三井部長からの情報提供を受けて、調査活動費問題を大きく取り上げた。

ただ、この段階では、三井部長は名前を出しておらず、匿名での告発だった。そのため、新聞やテレビは動かず、検察も知らぬ存ぜぬの姿勢を貫いていた。

そこで、三井部長は実名での告発を決意するのである。二〇〇二年四月九日、連絡を受けて大阪高検の公安部長室を訪れた私に三井はこう決意を述べた。

「最初は人事も絡んだ私憤が告発の動機だったが、不正を頬かむりしようとする検察上層部の対応を見ていて、もうそんなレベルの話ではないと気がついた。マスコミが匿名の証言では記事にできないというなら、名前も顔も出して堂々と証言しようと思う」

また、三井部長は国会の法務委員会で証言する用意があることや、複数の新聞やテレビからも実名なら報道するという確約をもらっているとも、語っていた。事実、この後、三井部長は朝日新聞、共同通信、『週刊朝日』、『週刊新潮』などの取材を受け、四月二二日にはテレビ朝日「ザ・スクープ」の鳥越俊太郎によるインタビューの収録、同二四日には毎日放送の取材を受けることも決まっていた。

ところが、検察はこの三井部長の実名告発の動きに対してとんでもない行動に出る。テレビ朝日「ザ・スクープ」収録当日の二二日に、三井部長を逮捕してしまうのである。

容疑は購入したマンションの移転登記の際、そこに住民票を移し、登録免許税五〇万円の軽減措置を受けようとしたとする「電磁的公正証書原本不実記載、不実記録電磁的公正証書原本供用及び詐欺」と、自分を脅そうとしてきた暴力団組員の前科調書をとったことに対する「公務員職権濫用」。法律関係者もこぞって「普通なら絶対に逮捕はありえない」と首をひねる微罪逮捕だった。

つまり、検察は三井部長に国会やテレビで証言されてしまったら、裏金追及から逃げ切れなくなると考えた。そして、口封じと報復のために強引に容疑をでっち上げ、逮捕したというわけだ。『噂の真相』で検察からまったく同じような恣意的摘発を受けていたが、この事件で改めて手段を選ばない検察の恐ろしさを再認識した。この組織は自らの権益を守るためなら、身内まででっち上げ逮捕するのか——。

また、彼らは事件をもみ消すため、このとき、政治権力とも手を握っている。三井部長は実名告発を決意する前、かつての上司・加納駿亮《かのうしゅんすけ》大阪地検検事正（当時）にターゲットをしぼり、その裏金問題を追及していた。週刊誌に加納の裏金流用の実態を情報提供して記事を書かせる一方、三井の支援者が公金横領で加納検事正を刑事告発した。

当時、加納検事正は高検検事長昇格が内定していたのだが、検事長人事は閣議の了承が必要なため、この人事は一旦、見送られてしまった。そこで、検察は当時、首相になったばかりの小泉に働きかけたのだという。

三井部長は釈放された後、取材や講演でこんな裏事情を証言している。

「二〇〇一年の一〇月二六日に、当時の原田明夫検事総長、事務次官の松尾邦弘、刑事局長の古田佑紀《ゆうき》の三人が東京・麴町の後藤田正晴元法務大臣の事務所を訪ねています。彼らはここで「加納の検事長人事を内閣で承認してくれないと検察が潰れる」と、官邸への橋渡しを頼んだようだ。後藤田元法相はその場で、小泉首相の秘書である飯島勲秘書官に電話を入れ、翌日、小泉首相と原田検事総長の会談が開かれた。そして、一一月、加納の福岡高検検事長昇格が閣議ですんなりと正式了承されたのです」

小泉政権時代、検察が自民党主流派や清和会がからむ事件は一切捜査せず、小泉の政敵ばかりを摘発していたことを先に指摘したが、この調査活動費問題でのやりとりが両者の癒着関係をつくり出した可能性もある。

三井部長自身も、裏金問題で検察がとった対応についてこう断じている。

「検察が内閣に借りを作るという一番やってはならないことをやった。今、「国策捜査」と批判されている検察の捜査も、ここが出発点になったんじゃないか」

## †裏金や証拠改竄告発でも崩れない検察タブー

三井事件における検察の露骨な口封じ工作は、メディアにも及んだ。

三井部長の逮捕をめぐる報道姿勢は、新聞社、テレビ局によって大きな差があった。たとえば、読売新聞は逮捕前から三井部長の動きを探って逐一検察幹部に報告するなど、露骨に検察サイドに立った動きをしていた。三井が任意同行された時点で、唯一その写真を撮って、夕刊で大きく報道。逮捕後も調活費問題を一切報道せずに、検察のリークにのって三井がいかに極悪人かという記事を報道し続けた。

一方、朝日新聞や共同通信は逮捕前、三井部長の実名告発掲載を企図しており、逮捕後は正面から検察を批判することはなかったものの、三井が調活費を告発しようとしていたことを併記して、追及の構えを捨てなかった。

検察はこれでメディアを敵、味方に選別し、露骨な差別と報復を始めたのだ。そのために利用したのが、当時、東京地検特捜部が立件に向けて準備を進めていた衆院議員・鈴木宗男の事件だった。

検察はまず、世間の目をそらすために、ゴールデンウィーク明けに予定されていたこのムネオ事件の着手を前倒しし、三井逮捕の八日後に、宗男の秘書を電撃逮捕する。そして、三井報道で「検察の犬」を忠実に演じた読売に逮捕容疑をいち早くスクープさせるなど、率先して情報をリークする一方、朝日や共同には、徹底した嫌がらせを行った。一社にだけ情報を出さずに特オチをさせる、わざとガセネタを流して誤報をさせる……。とくに朝日に対する嫌がらせは凄まじく、検察ネタに圧倒的な強さを見せていた朝日はこの後、特オチが続くことになる。

則定スキャンダルではメディアの報道を許容したかにみえた検察だが、それは結局、則定という個人の不祥事にとどまるものだったからだ。調活費のように組織ぐるみの不正を暴こうとすると、この組織はとたんに本性を現してくる。『噂の真相』起訴のときにも見せたように、自分たちに都合の悪い報道はどんな卑劣な手段を使ってでも潰しにかかってくるのが、検察という組織なのだ。

この検察の本性を目の当たりにしたことでメディアは凍りつき、新聞・テレビではこれ以降、検察批判はほとんど報道されなくなった。

たとえば、先述したムネオ事件では、鈴木宗男やともに逮捕された外務省分析官の佐藤優が保釈後、週刊誌や月刊誌、著書などで、検察の捜査がいかに恣意的だったかを暴露し、佐藤が検察を批判する際に用いた「国策捜査」という言葉は一種の流行語になった。だが、その言い分を紹介した新聞・テレビはほとんど皆無だった。

二〇〇四年に発覚した日歯連（日本歯科医師連盟）事件でも、検察は官邸と裏取引をして、事件の核心だった政権中枢の迂回献金にフタをし、抵抗勢力である旧橋本派の村岡兼《かね》造《ぞう》と事務局長の逮捕だけにとどめてしまったが、新聞・テレビはそれを批判しなかった。

一連の小沢・鳩山の違法献金捜査では、批判どころか検察のリークを垂れ流し、検察の暴走を後押しする役割まで演じた。

要するに検察という組織では、たとえ不祥事が発覚してタブーが崩れたように見えても、それはあくまで一時的で、範囲も限定的なものでしかないのだ。そして、メディアに対する支配関係はアッという間に元に戻り、タブー構造はいとも簡単に復活してしまう。

実際、二〇一〇年に発覚した先述の大阪地検特捜部による証拠改竄事件も、同様の推移をたどりつつある。

この事件では、捜査担当の検事から特捜部長、副部長までが最高検に逮捕されるという前代未聞の事態に発展し、新聞・テレビも厳しい検察批判を展開。また、法務大臣の諮問機関である「検察の在り方検討会議」が設置され、組織のチェック体制強化、取調全面可視化、さらには特捜部解体論までが本格検討されるなど、一時は検察という絶対聖域にとうとう改革のメスが入るのかと思われた。

しかし、それから一年たって検察をめぐる状況はどうなったか。事件には検察庁上層部も関与していたにもかかわらず、処分されたのは結局、大阪地検の関係者のみ。「検察の在り方検討会議」で検討されていた検察改革も、取調べの可視化については前進がみられたものの、但木敬一元検事総長ら検察出身委員の抵抗によって、他の改革案はことごとく握りつぶされてしまった。解体論が噴出していた特捜部は東京地検でも大阪地検でも継続維持されることが決まり、監視強化もアリバイ的に有識者による監査機関が設けられるというだけ。捜査権と公訴権の両方をもっているという最大の元凶や組織の根幹、人員配備には一切手をつけることができなかったのである。

このままいけば、そう遠くない将来、検察は再び一切の批判を許さない存在としてメディアを支配するようになるだろう。そしてもしかしたら、唯一実現に向けて動き始めていた取調べの全面可視化さえも、一年間の試行後、「一部可視化が妥当」という結論に戻ってしまうのではないか。今の検察の動きを見ていると、そんな危惧を抱かざるをえないのである。

## 4　再強化される警察・財務省タブー

### †タブーを作り出してきた警察とメディアの癒着関係

官僚機構で検察に次ぐメディアタブーといえば、やはり警察だ。とくに九〇年代後半までは、警察は組織ぐるみの不正はもちろん、警察官個人の不祥事さえほとんど報道されないアンタッチャブルな存在だった。

最大の要因はもちろん、検察と同様、警察がメディアにとって重要なニュースソースだからだ。とくに新聞・テレビは、社会部が報道しているニュースの八割以上が警察発であることから、警察ににらまれ情報を遮断されたら、明日から番組や紙面を作れなくなるという恐怖心を根強くもっている。また、警察という組織はこれまで、現実にそういった恐怖を与えるような報復を繰り返してきた。

たとえば、二〇〇三年から〇四年にかけて、北海道新聞が北海道警の裏金問題を徹底追及し、道警が不正支出約九億円を国に返還する事態に発展したことがあった。この道新のキャンペーンは、メディア業界でも高い評価をえて、「新聞協会賞」「菊池寛賞」「ＪＣＪ大賞」などの賞も受賞した。

だが、ちょうど東京でそうした賞の受賞が発表された時期、地元・北海道で起きていたのは、道警による北海道新聞への露骨な嫌がらせだった。北海道新聞だけ個別取材を拒否する、他社には詳しい捜査資料を渡しているのに北海道新聞には広報メモしか渡さないというのは当たり前。記者クラブ加盟社がそろって捜査幹部を取材する囲み取材で、「道新は向こうに行け」と道新一社だけを排除するということも行われていたという。

また、警察の場合、逮捕権をもつ捜査機関であるということも、検察以上に大きな意味をもってきた。というのも、新聞社やテレビ局の社員が不祥事や犯罪を起こしたとき、警察に頼んでもみ消してもらうという関係が続いてきたからだ。

警察では、新聞・テレビ局の社員が何らかの事件を起こした場合、各署から警視庁や県警本部の広報課に連絡が入ることになっている。そこから、記者クラブに連絡が入り、各県警記者クラブのキャップや本社の総務が所轄署に行って、軽微な犯罪はおとがめなしにしてもらったり、大麻、覚せい剤使用、婦女暴行で逮捕されたケースでも、メディアへの発表を止めて外部に漏れないように「ひとつ穏便に」と依頼するのである。

事実、私の知るもみ消しの事例をざっとあげただけでも、ある民放の役員が非合法のカジノバーでの賭博容疑で取り調べを受けながら、社からの働きかけでおとがめなしで釈放されたケース、別のテレビ局の報道局幹部がタクシー運転手に暴行を働いた事件で練馬署に連行されながら、事件化せずに処理されたケース、ある全国紙の記者が泥酔して原宿駅のシャッターを壊し、器物損壊で逮捕されそうになったが、警視庁記者クラブの人間が駆けつけて、解放してもらったケース、フジテレビのディレクターが強姦未遂、銃刀法違反で逮捕されながら、週刊誌に報じられるまで、八カ月にわたって社名が伏せられていたケース、大手新聞の記者が窃盗で逮捕されたが、警察が発表を控え、秘密裏に処分していた

ケース……と枚挙にいとまがない

おそらくこの何百倍もの不祥事がメディアと警察との間でもみ消されているはずだ。これでは、とてもじゃないが、警察批判なんてできるはずがないだろう。警視庁や各県警本部ではこうしたメディア企業の社員が起こした不祥事をリストにしてストック。メディアが不祥事を追及しようと広報に取材をかけてきたら、このリストを持ち出して「おたくの社だっていろいろあっただろう」と脅しをかけるといったことまで行われていたという。

しかも、警察のメディア対策には、圧力と恫喝だけではなく、籠絡と懐柔というのもある。たとえば、警視庁記者クラブでは、十年ほど前まで、年に二度、ホテルなどを借り切って幹部職員と記者の懇親会が開かれ、酒や高級な料理が警察の金でふるまわれていた。

また、警視庁の広報部などは新聞やテレビだけでなく、週刊誌の編集長、デスク、記者に対しても頻繁に料亭、ゴルフ接待をしている。

『週刊新潮』という週刊誌には警視庁公安部のリークがやたらと掲載される一方で、警察批判をほとんど書かないことで知られているが、何年か前には、その『週刊新潮』編集部と警視庁広報部が新宿区内の公園で仲良く野球の試合をやっている姿が何度も目撃されている。

日常の中でこうした貸し借りや癒着、馴れ合いの関係を積み重ねていくうちに、メディアはどんどん警察にさからえなくなっていくのである。

## †裏金報道でも追及を免れた警察の中の絶対聖域

ただ、この警察タブーも九〇年代の終わり頃から少し様相が変わってくる。

神奈川県警で警官の集団暴行や女子大生脅迫といった不祥事が、新潟県警では少女監禁事件で被害者が保護された際に県警本部長が麻雀接待に興じていた問題が発覚。しかもこれらの不祥事では、両県警が当初、事実を隠蔽して虚偽の発表をしたこともわかって、国民の間から激しい怒りの声が上がったのである。そして、こうした国民の怒りに後押しされる形で、全国紙やテレビも一斉に警察不祥事追及報道を展開し始める。

神奈川県警については数十件にも及ぶ警察官の不祥事が連続して報道され、新潟県警でも本部長の問題以外に、虚偽発表や報復逮捕、交通違反もみ消しなどの不祥事が次々記事になった。また、警察不祥事追及は全国にも広がり、神奈川、新潟両県警の本部長はもちろん、関口祐弘《ゆうこう》警察庁長官も引責辞任する事態となった。

そしてこれ以降、警察官が不祥事を起こした場合は、警察が自ら発表するようになり、メディアもそれを報道できるようになった。

また、同じ頃から裏金問題も新聞・テレビで扱われるようになった。この裏金問題というのは、警察が捜査費を流用したり捜査協力者への報償費を支払ったことにして裏金としてプール。宴会などの遊興費に利用しているというもの。一九九六年、『噂の真相』でジャーナリストの寺澤《てらさわ》有がはじめて警視庁赤坂署の裏金づくりを報道するのだが、このときは物的証拠までそろっていたにもかかわらず、どこのメディアも一切報道しなかった。

ところが、九八年に毎日新聞が熊本県警の裏金を報道したのを皮切りに、このアンタッチャブルな問題を新聞・テレビが取り上げるようになったのである。前述したように、北海道警の裏金が北海道新聞の報道で明らかになったし、他にも愛媛県警、静岡県警、福岡県警などの裏金問題が次々と報道された。

だからといって、これで警察タブーがなくなったというわけではない。たとえば、二〇〇〇年前後からの裏金報道を注意深く見ていると、新聞・テレビが積極的に報道している不正は地方の県警のものばかりで、首都・東京を管轄する警視庁についての報道がまったくなかったという事実に気づかされる。

警視庁に裏金問題がなかったのではない。裏金づくりというのはすべての警察組織で例外なく行われているものであり、事実、週刊誌などでは何度か警視庁の決定的な裏金疑惑が報道されている。

九九年には、警視庁の銃器対策課が一般市民の名前を使って領収書を偽造。その金を幹部の飲み代や接待費に回していた事実を『フライデー』が暴露した。また、二〇〇一年には、やはり『フライデー』で警視庁警備第一課の会計担当職員だった大内顕氏が機動隊員の出張旅費を支給せずに裏金としてプールしていた実態を実名、顔出しをして告白している。

だが、新聞・テレビはこのどちらも一切無視を決め込んだ。数年前、日本テレビで「驚き謎マネー100連発」というスペシャル番組が放映され、実はこの番組には先の大内氏とやはり裏金問題を告発した元警視庁警察官が出演し、警視庁の裏金について語る予定だった。ところが、直前になって日テレから両氏のもとに「二人の出演はダメになった」という連絡が入ったのだという。その際、日テレ側は「霞が関の意向」を連発、「二人の出演は勘弁してほしいといわれた」「警察との関係がこじれると、報道サイドが支障をきたす」と釈明したという。(『フライデー』〇五年四月二二日号)

要するに、新聞・テレビが追及できるのは地方県警どまりで、警視庁はあいかわらずアンタッチャブルなままなのだ。これは、警察組織の中でも警視庁への情報依存度が段違いに高いこと、さらには、本社社会部やその幹部にとって深い利害関係のあるのがおもに警視庁だからである。メディアの上層部は、関係が悪化しても大きな支障のない地方県警の不正追及にはGOサインを出すが、警察組織の中枢には絶対に手を触れさせない。

警察官個人の不祥事についてもこの構図はあてはまる。報道できるのは末端の警察官の軽微な犯罪だけで、幹部の疑惑はタブーのままなのだ。

神奈川県警の不祥事が発覚した直後の九九年、『週刊文春』が関口祐弘警察庁長官のスキャンダルを報道したことがある。報道されたのは、暴力団と深い関係をもつ、時価二五〇〇万円のゴルフ場会員権をこれまた暴力団と交友のある芸能プロ社長の勧めで購入していたという、警察組織の頂点に立つ者としてはあるまじき大醜聞だった。

ところが、新聞・テレビは神奈川県警追及の際の激しさとはうってかわって、会見で関口が「やましいところはない」と釈明すると、一切の追及をやめてしまった。

また、二〇〇五年には、『週刊現代』とジャーナリストの寺澤有が警察庁長官の漆間巌《うるまいわお》について、捜査費で宴会を開いていた過去をつきとめ、追及したが、新聞・テレビはこれもまったく後追いしようとしなかった。それどころか、寺澤らが取材拒否して逃げ回る漆間を追及するために、定例会見への参加を申し入れたところ、警察庁記者クラブはまるで漆間をかばうようにこの申し入れを拒否したのである。

## †捜査権と逮捕権を使った警察の逆襲

しかも、この警察タブーは最近、再び強化される傾向にある。ここ数年の新聞・テレビ報道を見ていると、中枢である検察庁や警視庁だけでなく、報道されるようになっていたはずの地方県警の不正すら、ほとんど見当たらなくなってしまった。

これは、警察が二〇〇四年頃から逆襲に転じ、組織をあげてメディアに揺さぶりをかけ始めた結果である。前述した記者クラブでの情報遮断といった嫌がらせはもちろん、不祥事を起こした新聞社やテレビ局社員への配慮も一切やめて、逮捕されたマスコミ関係者を片っ端から公表。さらには、捜査権や逮捕権を使って、メディア関係者を狙い撃ちするようになったのだ。

たとえば、二〇〇五年には、殺人事件の容疑者の自宅裏庭を撮影していた『フラッシュ』の記者・カメラマンが住居侵入容疑で神奈川県警に逮捕されるという事件が起きたが、これなどはメディアの不祥事追及を受けた神奈川県警の意趣返しとしか思えない不当逮捕だった。

また、北海道では、北海道新聞に裏金を追及された北海道警が同新聞室蘭支社の元営業部次長を業務上横領容疑で逮捕したうえ、菊池育夫社長（当時）まで事情聴取するという露骨な報復を行った。さらに、警察は名誉毀損での訴訟も使ってきた。警察が直接、メディアを名誉毀損で訴えることは難しいため、裏金づくりの責任者と報道されたOBなどに、メディアを訴えさせる作戦を展開した。

こうしたさまざまなゆさぶりの結果、メディアの中には再び警察に対する恐怖がよみがえり、どんどん批判に消極的になっていったのである。

とくに社長の事情聴取までされた北海道新聞は、道警から抗議を受けていた記事に関して謝罪広告をだし、裏金問題取材班の中心的な記者を東京とロンドンに異動させて、全面屈服。道警追及を完全に放棄してしまった。

### †増税を合唱するメディアと財務省の関係

この一、二年、増税の動きが急加速している。

始まりは二〇一〇年夏、首相に就任したばかりの菅直人が消費税増税に言及したことだった。民主党はその結果、参院選に惨敗するのだが、その後も動きは止まらなかった。政権幹部や閣僚の口からはことあるごとに「財源不足」「財政危機」という言葉がきかれ、二〇一一年には増税派の与謝野馨が経済財政相として入閣。「税と社会保障の一体改革」と称する増税論議が始まった。

そして、東日本大震災が起きると、「復興費用捻出」を口実に増税路線はエスカレート。政府に設置された復興構想会議でも、第一回目の会議の冒頭でいきなり五百旗頭《いおきべ》真議長から復興税の構想がもち出される。そして、菅政権下で財務相をつとめていた野田佳彦が首相に就任すると、復興財源として、所得税を一〇年にわたって増税することが本決まりになったのである。

大災害が起きた直後に増税をするというのは、歴史的に見ても国際的に見てもほとんど例がない。というのも、増税は逆に消費を冷え込ませることになり、全体として税収減少を招き、復興を遅らせる可能性が高いからだ。政府は復興財源が足りないと説明するが、実際は埋蔵金や公益法人への補助金カットで十分まかなえる。

にもかかわらず、ここにきて増税が当然のように持ち出された背景には、各方面で指摘されているように、財務省の存在がある。

たとえば、菅首相が参院選前に消費税増税をぶち上げたのは、同省から送り込まれた佐々木豊成《とよなり》官房副長官補らに「政治決断の時期です」「自民党との争点を消せます」と吹き込まれたことがきっかけだった。

また、大震災後の復興税構想もこの佐々木官房副長官補が復興構想会議の事務局責任者をつとめ、五百旗頭真議長ら各委員に「財源を後回しにすると、思い切った復興ができなくなる」と説明した結果だといわれる。財務相時代から、一貫して消費税増税の旗振り役をつとめてきた野田首相についてはもはや説明する必要はないだろう。

要するに、増税が長年の宿願だった財務省が、政治の混乱や大震災につけこみ、政治家を操っているのだ。

だが、財務省に踊らされているのは政治家だけではない。

数年前から、朝日、読売、日経、産経と、ほとんどすべての新聞が判で押したように消費税のアップを主張しているのをご存じだろうか。二〇一〇年、参院選で民主党が惨敗した後も、各紙の社説は「参院選の敗因は、首相が消費税率引き上げに言及したことではない」（読売新聞七月一三日付朝刊）、「消費税から逃げるな」（朝日新聞七月一二日付朝刊）、「国民生活を安定させるには、（中略）消費税などの増税が欠かせない」（日経新聞七月一三日付朝刊）と一斉に増税路線を擁護。大震災後も、「復興は国民全体で負担する必要がある」と大合唱を展開している。

消費税だけではない。財政危機に関するさまざまなデータ、生活保護者の不正受給問題など、メディアの経済政策・財政報道は、財務省の意向をそのまま反映したものが大半だ。

しかも、メディアは財務省の不祥事や不正を追及することも、めったにない。他の省庁については洪水のように報道されている税金の無駄遣いや公益法人、天下りなどの問題も、財務省に関係するものはほとんど報道されない。

こうした状況を作り出したのは、同省の徹底した洗脳工作だ。財務省は記者クラブでの情報コントロールはもちろん、各社の論説委員や編集委員との「論説懇」、経済部キャップとの勉強会など、さまざまな会合を定期的に開き、飲食接待をしながら消費税増税の必要性を吹き込んできた。影響力のあるキャスターや経済評論家、コメンテーターにも「ぜひ、わが省の方針についてご説明を」とアプローチし、接待を繰り返してきた。また、少し前には事務次官が直々に新聞社、テレビ局の経営トップを訪問し、消費税増税への協力を求めている。

しかも、この官庁は検察や警察と同様、メディアに物理的なプレッシャーをかけることもできる。それは、下部組織である国税庁の税務調査だ。税務調査は国税の判断ひとつで何億円もの追徴金をとられたり、刑事訴追されるというケースも珍しくない。財務省はこの恐怖を利用するのである。

一〇年ほど前、税務調査を使った脅しをかけられたある新聞社の経営幹部の話を聞いたことがある。その幹部が勤める新聞社の社会部が財務省（当時は大蔵省）幹部の不祥事を取材していたところ、当初は経済部の部長のところに官房から「なんとかならないか」と連絡が入った。経済部長は社会部長に記事差し止めを依頼するのだが、社会部は取材をやめなかった。すると、国税庁の幹部から直接、経営幹部に「あくまで記事を掲載するなら、子会社を含めた徹底的な税務調査を行う」という通告の電話がかかってきたという。その新聞社がすぐに取材をストップさせたことはいうまでもない。

## †新聞社やテレビ局に入った税務調査

この財務省タブーもやはりある時期、一旦崩れたことがある。

九〇年代後半、まだ財務省が大蔵省と呼ばれていた時のことだ。官僚が金融機関や問題企業から接待を受けていた事実が次々と報道されるようになったのだ。

キッカケは、東京地検特捜部の動きだった。検察はそれまで国税の告発で脱税事件を摘発する関係があったため、大蔵・国税の不正については一切不問にしてきたのだが、二信組事件や泉井《いずい》事件の捜査の頃から、大蔵官僚を俎上にあげ、メディアに情報をしきりにリークするようになる。そして、九八年、野村・一勧事件の延長線上で、金融機関による大蔵省接待を事件化。大蔵省金融検査部の検査官二名を逮捕したうえ、霞が関の大蔵省庁舎を強制捜査した。

検察の変化の背景には、当時、議論されていた省庁再編で省の既得権益を維持しようとする大蔵と、金融監督庁や公正取引委員会のポストを獲得しようとしていた検察の縄張り争いがあったともいわれるが、それはともかく、この検察という権力に乗っかる形で、メディアはノーパンしゃぶしゃぶ接待など、大蔵官僚の腐敗をこれでもかとばかりに報道し始めたのである。そしてこの後、大蔵省は省庁再編で金融監督部門が分離して財務省になったことでさらに力を失い、メディアの批判報道も活発になっていく。

しかし、小泉政権が発足した直後の二〇〇一年頃から財務省の報復が始まる。国税庁が、主要新聞社、大手出版社、さらには民放キー局と、マスコミに対して片っ端から税務調査を始めたのだ。その調査は異常に細かいもので、記者が取材費の清算で提出した領収証の一枚一枚をチェック。白紙領収証を使ったり、金額を偽造した領収証を特定して、それを作成した記者まで事情聴取するという念の入れようだった。

そして、結果的にはいくつかの社が数千万円以上の申告漏れを指摘された。なかでも読売新聞は、五年間で一二億円の申告漏れ、そのうち四億数千万円をニューヨークにある子会社に販売関連費用名目で支払ったものを「所得隠し」と認定され、重加算税を含む追徴を受けた。

ちょうどこの頃、財務省は政治的にも息を吹き返し、さまざまな情報を握るようになっていた。丹呉《たんご》泰健《やすたけ》首相秘書官、竹島一彦官房副長官補、坂篤郎《さかあつお》内閣府政策統括官という、財務省から官邸に送り込まれた三人が小泉政権の経済政策に深くコミット。永田町では「財務省が小泉を操っている」と陰口を叩かれるくらい、その影響力を高めていた。

情報支配と税務調査のはさみうちにあったメディアがその後、どうなったかは推して知るべしだろう。財務省の不祥事や批判がまったく掲載されなくなったのはもちろん、財政危機説や生活保護費の不正受給者問題など、財務省に操られたような記事がどんどん掲載されるようになっていったのである。

## †権力タブーはなぜ復活したか

こうしてみると、検察、警察、財務という三つの官僚機構タブーが申し合わせたように同じような推移をたどっていることがわかるだろう。一九九〇年代後半、メディアはこれらのタブーを一旦は崩壊させるくらいに追い詰めながら、二一世紀に入ると、簡単に復活を許した。

いや、官僚機構だけではない。政治家についても、森政権下では新聞・テレビまでが首相や官房長官の下半身スキャンダルを大きく報道するような状況が現出していたのに、ある時期から政治家の疑惑追及そのものが困難になってしまった。九〇年代後半、欧米並みのオープンソサエティに近づきつつあったはずが、二一世紀に入ると元の閉鎖的で権力に服従的なメディア状況に戻ってしまったのである。

前述したように、そこにはもちろん、組織崩壊の危機に晒された権力側がなりふりかまわぬ露骨な報復を仕掛けてきたことがある。検察では三井環公安部長逮捕をきっかけにメディアへの報復が始まったし、警察ではマスコミ社員の逮捕が、財務省ではメディア企業への税務調査が行われた。

自民党も森政権の崩壊をキッカケに、本格的なメディア規制に乗り出した。個人情報保護法をはじめとするメディア規制法を次々ともち出し、裁判所に対しては、司法改革への協力を取引材料にして名誉毀損訴訟での損害賠償金額吊り上げを働きかけた。

だが、問題はメディアの側にもある。九〇年代後半、メディアが権力タブーに踏み込んだ背景には、情報公開法が成立するなど、行政に対して情報公開の気運が高まったことがあげられる。だが、すべてのメディアに情報公開や権力に対峙する意識が浸透していたわけではなかった。覚悟をもってタブーに踏み込んだのは先陣をきったごく一部のメディアと記者だけ。他のメディアは、そうしたの報道で世論が騒ぎ始めたのを見て、くっついていったにすぎなかった。あるいは、タブーになっている権力機関を別の権力機関が追及し始めたことを知って、その別の権力機関に依拠して、批判を始めたにすぎなかった。「赤信号、みんなで渡ればこわくない」、つまり「みんなが赤信号を渡っているから、自分も渡ろうか」という、横並び体質から一歩も抜け出せていないものだった。

この程度の動機だから、メディアは、権力から逆襲を受けると、クモの子を散らすように逃げてしまうのだ。依拠している権力機関が追及対象の権力機関と手打ちをして追及をやめてしまったら、とたんに黙ってしまうのである。

しかも、日本のメディアは孤立を異常に恐れる一方で、連帯して権力に対峙することをしない。欧米では、報道の自由を侵されるような問題が起きると、メディアは立場のちがいを超え、連帯して抗議の声をあげ、徹底的に戦うが、日本のメディアはそれができない。むしろ、権力側から切り崩しにあうと、必ず黄犬《おうけん》契約を結ぶメディアが出てくる。「特ダネをやるから」ともちかけられて、権力批判をやっている同業者の動向を探るスパイになったり、権力ではなく権力批判をやっている報道のアラ探しをするようになる。

これをよくやるのは、読売新聞と産経新聞だが、朝日新聞や毎日新聞も例外ではない。検察の調活費問題では読売と産経が検察側についていたが、北海道新聞がスクープした北海道警の裏金問題では朝日と読売が道警の北海道新聞排除に加担していた。また、則定検事長報道のときは毎日新聞が検察のカウンター情報を率先して流した。

これは、日本のメディアに報道の自由よりも、スクープした社へのネタミとか、社内での出世を優先させる体質があるからだろう。そして、メディアにこうした体質があるかぎり、権力タブーはこの先も国民の前に立ちはだかり続けるはずだ。

第3章

# 経済の恐怖

## ――特定企業や芸能人がタブーとなるメカニズム

## 1　ユダヤ・タブーを作り出した広告引き上げの恐怖

### †ユダヤ・タブーを決定的にした二つの事件

近年、暴力や権力以上にタブーを生み出す大きな要因となっているのが、「経済」だ。メディアといってもこの国の場合はほとんどが営利企業であり、自社に経済的損失を与えるような報道、表現はできるだけ回避しようとする。そして、自主規制を繰り返しているうちに、特定の企業や団体、個人が批判の許されない存在になっていく。

実際、「経済の恐怖」によってタブーとなっている領域は想像以上にたくさんある。たとえば、序章でユダヤ人団体に関する記述を削除された私自身の体験を紹介しながら、マスメディアにおいてユダヤ問題に触れることがいかに困難であるかを述べたが、実はこのユダヤタブーも経済要因が生み出したものだ。

日本でユダヤタブーがここまで強大になったきっかけは、一九九五年、月刊誌『マルコポーロ』二月号に掲載された「ナチ『ガス室』はなかった。」という記事をめぐって起きた事件だった。記事はタイトルからもわかるように、ナチスドイツによるガス室を使ったユダヤ人大量虐殺は捏造だったとするもので、雑誌が発売されてすぐに、ロサンゼルスに本拠を置き、ナチ礼賛やユダヤ差別を助長する動きを監視している在米ユダヤ人団体サイモン・ヴィーゼンタール・センター（ＳＷＣ）が抗議活動を開始した。

すると、『マルコポーロ』発売からわずか二週間後、発行元の文藝春秋が公正を欠いた記事だったとして同誌の廃刊と掲載号の回収、さらに花田紀凱編集長の解任を発表したのである。文藝春秋は新潮社とともに抗議や圧力には強いとの評価を受けてきた出版社で、この早すぎる全面謝罪は異例としかいいようのないものだった。

しかも、謝罪にあたっては、当時の社長だった田中健五がＳＷＣのエイブラハム・クーパー師と並んで会見。同年五月には社員一三〇人を集めてＳＷＣ幹部が講師をつとめるホロコースト研修を三日間にわたって受けさせるという徹底ぶりだった。

こうした事態はそれから四年後にも起きた。一九九九年、『週刊ポスト』が一〇月一五日号に「長銀『われらが血税五兆円』を食うユダヤ資本人脈ついに掴んだ」と題した記事を掲載した。記事は経営破綻で公的資金を導入した挙句、外資系資本に売却したことで批判を浴びた日本長期信用銀行の売買に、ユダヤ系金融資本がかかわっているという内容だったが、これに対してＳＷＣが抗議声明を発表したのである。

このときも、発行元である小学館の対応は早かった。幹部が米国に出向いて、SWC側と交渉し、『週刊ポスト』誌上に検証記事と、二分の一ページに及ぶ謝罪文を掲載。さらには同誌の新聞広告でも訂正・謝罪をした。廃刊こそしなかったが、文春同様、全面屈伏といっていい対応だった。

この二つの事件を経て、メディアではユダヤ批判が完全にタブー化してしまったのだ。たしかにユダヤをめぐる言説には問題のあるものが多い。とくに、一九八〇年代半ばからブームになり、今もネット上で大量に流通しているユダヤ陰謀論などは、妄想とオカルティズムが合体したデタラメな与太話がほとんどだ。ユダヤとは無関係なフリーメーソンと混同したデマや、反ユダヤ人的な差別思想とつながっているケースも少なくない。

だが、他方で、一部の在米ユダヤ人が金融資本などに絶大な影響力をもっていることは紛れもない事実だ。その力を背景に米国政府に対してロビー活動を展開し、中東外交でイスラエルを利する政策をとるよう働きかけている勢力も明らかに存在している。

ところが、新聞、テレビ、雑誌といったマスメディアでは、そうした客観的な分析や批判さえほとんど報道することができなくなった。「ユダヤ資本」や「ユダヤロビー」という表現も使用しづらくなった。さらには、SWCの存在やユダヤ問題に触れることじたいがタブーになり、ユダヤ差別や陰謀論とはまったく無関係な言説でも、「ユダヤ問題はN

G」「SWCはまずい」と、一切の言及にストップがかかるようになってしまったのだ。

## †広告引き上げをつきつけるSWCの抗議手法

どうしてメディアはここまでユダヤを、そしてSWCを恐れるのか。メディア関係者の間では、SWCが強力な実行部隊を抱えていて、その過激な抗議がメディアを屈服させているという見方が流通している。なかには「SWCにさからったら命を落としかねない」といった台詞を真顔で口にする者もいる。

だが、これはまったくの誤解だ。SWCは暴力的な威嚇をしてくるわけでもなければ、団体で大挙して会社に押しかけてくるわけでもない。そもそも、SWCという組織は日本支部さえもっておらず、東京の広尾にある日本ユダヤ教団の所属メンバーで構成される在日ユダヤ人名誉保護委員会が代わって情報収集をしているというのが実情だ。

また、米国のユダヤ人団体は他にさまざまな組織があり、SWCが一番規模が大きいわけでも歴史が古いわけでもない。

では、SWCの脅威の源泉はいったいどこにあるのか。実は、彼らの抗議のやり方にはひとつ、大きな特徴がある。それは、メディアだけでなく、そのメディアのスポンサーにも広告を引き上げるようプレッシャーをかけることだ。『マルコポーロ』事件でも、『週刊ポスト』事件でも、SWCはすぐさま両社の広告主に出稿拒否要請をしている。

しかも、SWCがこうした要請をすると、ほとんどのスポンサーがそれに応じてしまう。『マルコポーロ』事件では、フォルクスワーゲン、カルティエジャパン、マイクロソフト、フィリップモリス、三菱自動車などが次々に『マルコポーロ』への広告出稿中止を表明。さらに、『文藝春秋』『週刊文春』『CREA』『Number』など、文春の他の媒体への広告出稿を停止すると宣言する企業も出てきた。

『週刊ポスト』のケースも同様だ。SWCはこのとき、松下電器産業（現パナソニック）、トヨタ自動車、日産自動車、本田技研工業、マツダ、サントリー、キリンビール、住友商事、マスターカード、フィリップモリスの一〇社に広告出稿中止を求めたのだが、ほとんどの会社が中止要求に応じざるを得ないということを内々に小学館に伝えてきたという。

米国では企業が反ユダヤ主義という烙印を押されると、商品ボイコットの動きが起きたり、ユダヤ系の強い金融機関や半導体企業から取り引き停止を言い渡されるなど、事実上、ビジネスができない状況に追い込まれる。そのため、外資系企業はもちろん、米国に現地法人を置いている日本の企業もユダヤ人団体を極度に恐れており、そこから広告引き上げを要請されれば、拒否できない。文春と小学館はこうした企業の動きを恐れ、全面屈服にいたったのである。

実際、『マルコポーロ』は当初、SWCやイスラエル大使館からの抗議に対して次号で反論を掲載すると回答していた。『週刊ポスト』も最初は名誉保護委員会のメンバーや大使館関係者が小学館を訪れて口頭で抗議をしただけだったため、正式に文書が来てから対応を検討しようと静観していた。ところが、スポンサーが広告出稿中止を表明すると、態度を一変。慌ててアメリカに謝罪に出向き、SWCの要求を飲んでしまったのだ。

そう考えると、メディアが怯えているのは、ユダヤやSWCではない。有力スポンサーに広告を引き上げられてしまう事態、そのことを恐れているのだ。

### †メディアの広告依存がもたらした数々の回収劇

ユダヤ・タブーの項を読んで、広告による圧力がここまで強大なタブーをつくりあげるのかと驚かれた読者も多いかもしれない。

だが、現在のメディアの広告への依存度を考えると、これは不思議なことではない。CM放映料が収入の大半を占める民放はもちろん、新聞・雑誌でも広告収入の比重は想像以上に大きい。たとえば、二〇〇九年度の新聞業界全体の収入内訳を見てみると、販売収入が一兆二一〇〇億円で広告収入が四七九一億円（日本新聞協会調べ）。広告収入は総売上高の二割以上を占めている。販売収入の比重が高いといわれる週刊誌でも、『週刊文春』『週刊新潮』クラスで一号あたりの販売収入が一億円前後であるのに対し、広告収入は二千万〜三千万円（推定）と、実際は販売収入の四分の一程度の広告収入がある（数値は筆者の推定）。ネットも基本的には広告モデルのビジネスであり、大手ポータルサイトやニュースサイトはその収益のほとんどを広告収入に頼っている。

彼らはこの自らの生命線である広告を打ち切られることを極度に恐れ、有力企業の不祥事やスキャンダルの報道を自粛し続けてきたのだ。

実際、そうした広告がらみの記事つぶし、自粛の事例はこの一〇年ほどの間、私が見聞きしたものだけでも、数え切れないほどある。

ある全国紙の社会部が、大手家電メーカーの暴力団への利益供与の事実をつかみ、取材を進めていたが、掲載直前に上層部からストップがかかり、ボツになった。

某民放で、食品部門に進出した有名企業の食用油に発がん性物質が含まれている問題を検証しようとしたが、広告局からの要請で中止に追い込まれた。

洋酒製造会社の創業者一族御曹司の元愛人が、写真週刊誌にツーショット写真をもち込んだが、編集部が御曹司に取材直後、広告部から圧力がかかり、お蔵入りとなった。

あるジャーナリストがメガバンクの会長が取引会社から自宅を贈与されていたという事実を突き止め、複数の新聞、週刊誌に持ち込んだが、ボツに。少したってから、その週刊誌にそのメガバンクの広告が頻繁に掲載されるようになった。

いや、この程度ならまだましというべきかもしれない。もっと些細な批判、あるいは批判とさえいえないような客観的な事実も、企業からクレームがついたとたん、簡単に封印されてしまう。二〇〇二年、『週刊ポスト』で起きた雑誌刷り直し劇などは、メディアがいかに広告スポンサーのいいなりかということの証明だろう。

この年の終わり、同誌は「土壇場企業に「2003年徳政令」が発令される!?」という、企業への公的資金投入についての記事を掲載するのだが、その号の発売直前、大手化粧品メーカーのカネボウが発行元である小学館に、「雑誌を回収せよ」とねじこんできたのだ。原因は、記事の本文ではなく、端につけられていた「土壇場企業49社」という評価ランク表に、同社の名前が載っていたことだった。

当時、経済誌などではすでにカネボウの経営不振がニュースになっており、掲載した評価ランク表も格付け機関の客観的なデータにもとづいたものだった。どう考えてもカネボウの抗議は理不尽だったが、数多くの女性誌を発行する小学館は大広告主にはさからうことができなかった。問題の記事が掲載された『週刊ポスト』はすでに刷り上がり配本されていたにもかかわらず、同社はリストからカネボウの記述だけをカットして、新たに刷りなおしたのである。

ところが、この刷り直しから約一年後の二〇〇四年春、カネボウで経営破綻と粉飾決算が発覚し、同社は産業再生機構の支援を要請する。つまり、『週刊ポスト』の記事は誤報どころかスクープだったわけで、小学館はそのスクープをわざわざ大金をかけて消去したというわけだ。このエピソードを見ただけでも、メディアがいかに広告スポンサーに弱いかがよくわかるだろう。

## 2 タブー企業と非タブー企業を分かつもの

### †〝リコール常習〟トヨタに沈黙してきたメディア

メディアがスポンサーに弱いからといって、すべての有力企業がタブーになっているわけではない。そこには、明らかに差異、ヒエラルキーが存在する。一切の批判が許されない企業もあれば、ある程度までは批判が可能な企業、さらには、何かあれば袋叩きのように批判に晒されてしまう企業もある。

たとえば、世界最大の自動車メーカー、トヨタは長い間、メディア関係者の間で「絶対的なタブー」として恐れられ、スキャンダルはもちろん、些細な批判までが完全に封じ込められてきた。

トヨタといえば、二〇〇九年から二〇一〇年にかけ、レクサスやプリウスなどの車種に欠陥が発覚して大きく報道された。だがこれは、米国で激しい追及が起き、七〇〇万台以上の大規模リコール、そして豊田章男社長が米下院の公聴会に出席して謝罪する事態に発展したため、日本でも報道せざるをえなくなったにすぎない。

実は、トヨタ車はこれまで何度も日本国内で欠陥が発覚し、リコールを行使されながら、ほとんど追及や批判を受けていないのだ。たとえば、二〇〇四年と二〇〇五年、同社は年間販売台数を上回る一八〇万台以上のリコールを、二〇〇六年には一三〇万台以上のリコールを行使している。しかも、二〇〇四年には、ハイラックスという車種で、走行中にハンドル操作が不能になって衝突するという事故が発生。二年後にトヨタの品質保証部長ら三人が業務上過失傷害容疑で熊本県警に書類送検されている（最終的には不起訴処分）。

ところが、日本のメディアはこのリコールや死亡事故、書類送検をほとんど報道しなかった。多くの新聞はベタ記事なみの小さな扱い、テレビにいたってはこれらの事実を取り上げた局は皆無だった。大手出版社発行の雑誌もこの問題を追及することはほとんどなく、なかには、熊本県警が捜査に入ったまさにその時期に、「トヨタ成功の哲学」「トヨタ高品質の秘密」といった称賛記事を掲載する週刊誌・月刊誌まであった。

ハイラックス事故とほぼ同時期の二〇〇四年に起きた三菱ふそうのリコール隠し事件では、同社幹部らが神奈川県警に逮捕された前後から、安全無視の経営体質を糾弾する大報道が展開された。それに比べると、トヨタに対する扱いは雲泥の差といっていいだろう。

一見、大々的に報道されたかに見える今回の米国における欠陥・リコール問題も同様だ。米国では二〇〇九年八月、レクサスの暴走事故が起きた直後から大きな問題になっていたが、日本のメディアが本格的に報道を開始したのは、翌年一月末。トヨタが正式にアクセルペダルの不具合を認め、リコールを発表して以降のことだ。しかも、発表以後もトヨタに対する辛辣な批判は少なく、テレビはむしろ米国がトヨタ叩きに走る政治的背景や一部の告発が騒ぎに便乗した虚偽だったという問題を大々的に報道していた。

欠陥車やリコール問題だけではない。二〇〇六年には、北米トヨタの大高英昭社長（当時）からセクハラを受けたとして、女性秘書がトヨタ自動車本社、北米トヨタ、同社長を相手取って損害賠償請求訴訟を提起。米国では大きなニュースとなったが、これも日本の新聞・テレビではほとんど報道されなかった。

ほかにも、日経新聞がトヨタの批判本『トヨタの闇』（ビジネス社）の書籍広告を掲載拒否するという自主規制を講じたり、別のある新聞社がカローラの年間販売台数首位転落を発表前に報道したというだけでトヨタに謝罪し、担当記者を異動させたりと、とにかく、マスメディアのトヨタに対する怯えを物語るエピソードは枚挙にいとまがない。

### †死亡事故を起こしても賞賛されるパナソニック

このトヨタと並んで「二大タブー企業」といわれているパナソニックをめぐっても、同じような〝不可解な沈黙〟が頻繁に起きている。

二〇〇五年、パナソニックの前身・松下電器産業製の石油ファンヒーターで死亡事故が発生。製品の完全回収・引き取りを決定した同社が、テレビCMや新聞・雑誌広告をすべて「おわびとお知らせ」に切り替え、「最後の一台を見つけるまで」をスローガンにチラシ配布、告知はがきの郵送など、大がかりな回収活動を展開した。このとき、経済ジャーナリズムはこぞって「松下の英断」「創業の精神で危機を乗り越えた」とその対応を絶賛し、雑誌やネットも、「二〇年以上前の製品のフォローをここまでやるとはさすが松下」「松下の誠意ある対応には頭が下がる」といった評価で埋め尽くされた。

たしかに同社の回収活動はのべ一七万の社員と二〇〇億円以上の予算をかけた、前例のない大規模なものだった。だが、パナソニックは最初から自発的にこうした「誠意ある対応」をとっていたわけではない。

松下電器の石油ファンヒーターで最初の死亡事故が起きたのは〇五年一月。一酸化炭素中毒で男児が死亡し、父親が重体に陥るという痛ましい事故だったが、同社は当初、重大欠陥を認めず、対策もほとんど講じようとはしなかった。すると、同年二月と四月にも事故が発生。その後、松下はようやくホースの交換という形でリコールを実施するのだが、告知は行き届かず、実際の修理対応はまったく進んでいなかった。そして、一一月には二度目の死亡事故が発生。経済産業省が緊急命令を出す事態にまで発展した。

前述した本格回収措置を開始したのはその後のことである。松下の対応は明らかに後手に回っており、その対応の遅れが二人目の死亡事故を引き起こしていたのだ。しかも、一二月にはリコールでホースを交換した製品でユーザーが意識不明の重体になる事故も発生していた。

しかし、その間、主要メディアで松下の責任を追及する報道はほとんどなかった。そして前述のように、松下がファンヒーターの本格回収を開始し、大量の告知広告を打ち始めたとたん、その活動を称賛する形で大きく紹介し始めたのだ。

実は、この石油ファンヒーター回収とほぼ同時期、パロマの小型湯沸かし器が死亡事故を起こしていたことが大きな問題になっている。メディアはパロマに対して激しい追及を行い、同社の小林敏宏会長は辞任、業務上過失致死傷容疑での在宅起訴に追い込まれた。

このパロマのケースと比べると、松下に対する報道がいかに甘いものだったかがよくわかるはずだ。

## †広告出稿量が決める企業のメディア支配力

同じように不祥事を起こしながら、袋叩きにされる企業と批判を免れる絶対的タブーの企業。いったい何がこの差をつくるのか。

ひとつはいうまでもなく広告出稿量だ。広告引き上げの恐怖がタブーの要因になっている以上、大口の広告スポンサーであればあるほど、そのタブー性は強くなる。

日経広告研究所が毎年発行している『有力企業の広告宣伝費二〇一〇』によると、二〇〇九年度の広告宣伝費上位五社は以下のようになっている。

| | | |
|---|---|---|
| 一位 | パナソニック | 七七一億八〇〇〇万円 |
| 二位 | 花王 | 五四七億六二〇〇万円 |
| 三位 | トヨタ自動車 | 五〇七億二三〇〇万円 |
| 四位 | 本田技研 | 四三三億五七〇〇万円 |
| 五位 | KDDI | 三五四億二一〇〇万円 |

先に「二大タブー」として紹介したトヨタ、パナソニックはそれぞれ三位と一位。しかも、この数字はリーマンショックで広告を自粛した後のものだ。両社はそれ以前の二〇〇八年度までは、五年以上にわたって年間広告宣伝費一、二位を独占してきた。とくにトヨタは二〇〇七年度まで一三年連続トップ、三年連続で一〇〇〇億円以上の広告費をテレビから新聞、雑誌、ネットと、あらゆるメディアにばら撒いてきた。

ピーク時、トヨタがCMを流していたTV番組は毎週四〇本以上、主要全国紙への全面広告出稿は一紙あたり年間五〇回近くにのぼったという。一企業にここまで依存すれば、広告を引き上げられたくないという恐怖心が増大し、タブー化していくのは当然だ。

もちろん、それとは逆のこともいえる。どんな有名企業も、広告出稿量が少なければ、容赦なく批判に晒される。実際、ここ数年、不祥事を起こしてメディアから激しいバッシングを受けた企業を思いおこしてみると、不二家、パロマ、赤福、三菱ふそう……と、ネームバリューのわりに広告出稿の少ない企業の名前ばかりが浮かんでくる。

広告出稿量の影響がもっと露骨にわかるのは、最近、経営破綻した日本航空、JALのケースだ。JALは一〇年ほど前まで巨額の広告出稿と、ロケや取材などの航空運賃を無料にするタイアップでメディアを支配。一切の批判を許さないタブー企業として君臨していた。ところが、数年前に経営不振に陥り広告費を大幅カットしてから、メディアの態度は一変。整備不良や安全軽視の体質を徹底糾弾され、幹部の内紛や客室乗務員の情報流出など、毎週のように週刊誌に不祥事を追及される非常に弱い立場となってしまった。

このことからわかるように、広告は企業にとってたんにPRや商品の告知のためのものではない。メディアを黙らせるための口止め料なのである。

## †広報の検閲体制がタブー企業を作り出す

だが、企業とメディアの関係を見ていると、単年度の広告出稿量だけでは説明できない部分もある。同じように巨額の広告を出稿していても、A社の場合はある程度の批判に晒されるのに、B社の場合は批判を一切受けないというような現象もしばしば起きている。たとえば、同じ携帯キャリアでも、NTTドコモはメディアからタブーとして恐れられているが、ソフトバンクモバイルは批判や追及を何度か受けており、タブーというほどの存在ではない。

この差異を生み出している要因のひとつはおそらく「歴史」だろう。企業がタブーになるためには、前述したパナソニックやトヨタ、あるいは両社に次ぐタブーといわれる花王のように、長年にわたってメディアを広告漬けにし、彼らにその広告収入なしではやっていけないと思わせる関係を築く必要がある。NTTドコモがソフトバンクよりもメディアに強いのも、親会社のNTTも含めてメディアに対して長きにわたり大量の広告をばらまいてきたからだ。資生堂やサントリーなども同様で、両社は二〇〇九年度広告宣伝費上位一〇社に入っていないが、過去十数年にもわたってコンスタントに巨額の広告を出稿しているため、今もタブーとしてメディアを支配し続けている。

また、企業がタブーになる過程でもうひとつ大きな影響力をもつのが、広報の姿勢だ。この国のマスメディアは相手が下手に出てくるとカサにかかって責め立てるが、強硬に反撃されるととたんに腰砕けになる。だから、あらゆる報道を徹底して検閲し、些細な批判も見逃さずに圧力をかける広報体制をとると、その企業は必然的にタブー化していく。

トヨタとパナソニックがタブーとして恐れられているのも、広告出稿量に加えてその要素が大きい。両社の広報の強硬姿勢はつとに有名で、気に入らない報道があると、すぐに広告引き上げをちらつかせ、圧力をかけるというのが常套手段となっている。

それを証明したのが、〇八年にあった奥田碩《ひろし》トヨタ相談役の発言だろう。当時、政府の「厚生労働行政の在り方に関する懇談会」座長を務めていた奥田相談役は首相官邸で開かれた同懇談会の席上、テレビの年金報道についてこんな発言をしたのである。

「厚労省たたきは異常。マスコミに報復してやろうか。スポンサーを降りてやろうか」

自社とは関係のない政府批判までを広告引き上げで潰そうとする傲慢さには唖然とさせられるが、これがトヨタという会社のメディアに対する基本姿勢なのだ。

パナソニックも同様だ。二〇〇二年に朝日新聞が発行している週刊誌『AERA』が同社（当時は松下電器）の特集を組んだことがあった。記事は同社の経営改革が進んでいないことを検証する、どうということのないものだったが、パナソニックは新聞広告に載せた「松下『改革』でV字改革のウソ」というタイトルにクレームをつけ、『AERA』だけでなく、朝日新聞からもすべての広告を引き上げてしまったのである。

しかも、唖然とさせられたのは、この時の朝日新聞の対応だった。出版担当取締役名でパナソニック側に「ご叱責の事柄については、まことにご指摘の通りであり、釈明の仕様もございません」という謝罪文を提出。『AERA』最終ページで大きなスペースを使っておわびと釈明をし、新聞に同社を称賛する記事まで掲載して、ようやく広告を復活してもらったのである。

広告出稿量上位一〇社に入っていないキヤノン（〇八年度一六位、〇九年度四四位）がメディアから恐れられているのも、やはり同社が批判報道に対して広告停止の報復をした過去があるからだ。二〇〇六年、朝日新聞が偽装請負キャンペーンでキヤノンを厳しく追及し、当時、経済財政諮問会議のメンバーだった同社の御手洗《みたらい》冨士夫会長の道路特定財源に関する姿勢を「二枚舌」と批判したところ、その年の一一月から朝日への企業イメージ広告の出稿を停止してしまった。

この結果、業界内に「御手洗批判をしたら、広告をとめられる」という見方が流布。二〇〇八年にキヤノン大分工場建設をめぐる裏金問題が発覚した際には、御手洗会長の親友の弟が裏金をつくっていたとして逮捕されたにもかかわらず、新聞やテレビはキヤノン、御手洗会長を厳しく追及することができなかった。

## 3 原発タブーを作り出した電力会社の金

### †年間一千億円を超える電力業界の広告費

膨大な広告出稿と徹底した検閲体制が作り出す企業タブー。この構造は福島原発の事故であらわになった電力・原発タブーにもあてはまる。

東京電力をはじめとする電力会社が、「二大企業タブー」といわれるトヨタやパナソニック以上に強大なタブーとして君臨してきたことは本書の冒頭でも指摘したが、実は電力会社は広告出稿量もまた、この両社をはるかにしのぐ規模を誇っている。

たとえば、二〇一一年の三月時点で、東京電力がスポンサーになっていたテレビ番組をざっとあげてみよう。朝は、TBS系「みのもんたの朝ズバッ！」、フジ系「めざましテレビ」、日テレ系「ズームイン!!SUPER」、昼は日テレ系「情報ライブ　ミヤネ屋」、夕方は日テレ系「news every.」「真相報道バンキシャ！」、TBS系「報道特集&ニュース」、夜はテレ朝系「報道ステーション」、TBS系「NEWS23クロス」……。ほとんどの報道・情報番組にスポンサーとして名前をつらねているのだ。

活字メディアへの出稿量も凄まじい。新聞では、年間一五回の読売新聞を筆頭に、主要全国紙すべてに年間一〇回以上の全面広告が出稿されている。雑誌でも、『週刊新潮』『週刊文春』など主要週刊誌、『文藝春秋』『中央公論』『WiLL』『正論』といった論壇誌、さらには一般読者がほとんど知らないような会員制情報誌、経済誌にも、毎号のように電力会社や団体の広告、PR記事が掲載されている。

いったい電力会社はどれほどの広告をメディアにばらまいてきたのか。電力会社は公共企業にもかかわらず、予算の詳細を一切公開していないが、前掲した『有力企業の広告宣伝費二〇一〇』によると、二〇〇九年度の広告宣伝費は次のようになっている。

| | |
|---|---|
| 東京電力 | 二四三億五七〇〇万円 |
| 関西電力 | 一九八億七一〇〇万円 |
| 東北電力 | 八六億七〇〇万円 |
| 九州電力 | 七九億八六〇〇万円 |
| 中部電力 | 六八億二六〇〇万円 |
| 北陸電力 | 五七億一五〇〇万円 |
| 中国電力 | 五一億八七〇〇万円 |
| 北海道電力 | 四七億三二〇〇万円 |
| 四国電力 | 三一億三一〇〇万円 |
| 沖縄電力 | 五億一五〇〇万円 |
| 電源開発 | 一五億二七〇〇万円 |

営業範囲が関東エリア限定の東京電力だけでも、日本の企業の中で一五位の金額、電力会社一一社を合計すると、広告宣伝費はなんと八八四億五四〇〇万円にのぼっている。

また、電力、原子力業界には上記一一社以外にも、数多くの企業、外郭団体、関連法人があり、それぞれが独自の広報予算をもっている。たとえば、原子力発電環境整備機構には合計四二億一三〇〇万円もの広報予算がつけられているし（二〇一〇年度）、全国の電力会社一〇社で組織される業界団体・電気事業連合会は東京電力以上の規模で広告・PRを展開しており、少なく見積もっても年間三〇〇億円程度の広報予算を使っているのではないかとみられている（ちなみにこの団体も予算の使途を一切公開していない）。

他にも、経済産業省・資源エネルギー庁や文部科学省、原発立地県にも原子力関連の広報予算が組まれており、これらを合計すれば、原子力・電力業界の広告宣伝費は、軽く一〇〇〇億円を超える。パナソニックの二〇〇九年度広告宣伝費が七七一億円、トヨタが同五〇七億円だから、この金額がいかに大きいものかがわかるだろう。

しかも、ここで着目しなければならないのは、電力会社が地域独占企業であることだ。競合他社の存在しない企業がなぜ、こんな巨額の広告を出稿する必要があるのか。それはやはり、メディアの批判、とくに原発批判を封じ込めるという目的があるからだ。

## †広告を使った電力会社の露骨な恫喝と圧力

ここに、今はもう絶版になっている一冊の本がある。タイトルは『電力産業の新しい挑戦』（日本工業新聞社）。原発草創期、電気事業連合会の広報部長としてメディア対策を取り仕切っていた鈴木建《たつる》という人物が出版したこの回顧録には、電力業界が原発広告を始めた経緯が生々しく描かれている。

同書によれば、科学技術庁の意向を受けて、電事連に原子力広報専門委員会が発足し、原発ＰＲを開始したのは一九七四年。責任者になった鈴木はその際、電力会社トップがそろった社長会でこう宣言したという。

「原子力の広報には金がかかりますよ。しかし、単なるＰＲ費ではなく、建設費の一部と思ってお考えいただきたい」

そして、鈴木はまず、朝日新聞の全国版に原子力のＰＲを打つことを考える。親しくしていた朝日新聞の論説主幹に相談をもちかけ、一九七四年から月一回、一〇段の原子力広報を打ち始める。すると、こんな現象が起きたのだという。


朝日新聞に原子力のＰＲが載り始めると、早速読売新聞が飛んできた。「原子力は、私どもの社長の故正力松太郎さんが導入したものである。それをライバル紙の朝日にＰＲ広告をやられたのでは、私どもの面目が立たない」というのであった。（中略）朝日新聞と読売新聞の全国版に毎月一回、原子力発電のＰＲ広告が掲載されるようになったら、今度は毎日新聞の広告局からも原子力発電のＰＲ広告の出稿の要請がきたのである。

興味深いのは、この毎日新聞とのやりとりだ。毎日は当時、原子力発電反対のキャンペーン記事を掲載していたのだが、鈴木は毎日の営業担当者に対し次のような恫喝をかける。「御社ではいま、原子力発電の反対キャンペーンを張っている。（中略）反対が天下のためになると思うのなら、反対に徹すればいいではないですか。広告なんてケチなことは、どうでもいいではないですか」

また、同紙が「政治を暮らしへ」というページを設けて消費者運動を応援するキャンペーンを展開していたことについても、鈴木はこう指摘したという。

「消費者運動を煽って企業を潰すような紙面づくりをやっていたのでは、広告だってだんだん出なくなりますよ」

つまり、広告を出す見返りに編集方針の変更を要求したというわけだ。そして、この圧力に対し毎日新聞がとった対応について、同書はこう述懐する。

毎日新聞の編集幹部も含めて、私の意見を誠意をもって聞いてくれたし、原子力発電の記事の扱いにも慎重に扱うとも約束してくれた。（中略）そのうち「政治を暮らしへ」のキャンペーンは、いつとはなしに紙面から消えていった。それで私は、社長会に毎日からの申し出の詳しい経過報告を行い、（中略）かくして、読売より一年遅れで、毎日新聞にも原子力発電のPR広告を載せるようになったのである。

なんとも露骨な話だが、しかし、これが電力会社とメディアの関係の原点なのである。広告をばらまくことで、批判を封じ込めようとする電力会社、そのえさに飛びつき、やすやすと論調を変えてしまうメディア——。この関係がエスカレートし、絶対的な支配関係ができあがってしまったのだ。

実際、電力会社はその後も、新聞やテレビを徹底的に監視し、少しでも原発に批判的な報道をしようものなら、すぐさま広告引き上げをちらつかせて、圧力をかけてきた。

その典型的な例が大阪・毎日放送で起きたトラブルだろう。二〇〇八年、同局が深夜枠で原発の危険性を告発し続けている原子力研究者を追ったドキュメンタリー「なぜ警告を続けるのか〜京大原子炉実験所・異端の研究者たち」を放映したところ、関西電力が同局から一定期間、CMを引き上げてしまったのだ。

このドキュメンタリーは特段、一方的な内容ではなく、原発推進派の学者との討論も収録して公平性にも配慮しており、後にギャラクシー賞を受賞するなど、非常に高い評価を得た番組だ。関西電力はそんな番組にまで圧力をかけ、さらには、CM再開にあたって毎日放送に原発の安全性についての勉強会開催を要求したという。

## †豪華接待とマスコミ関係者の天下り斡旋

しかも、電力・原子力業界の武器は広告だけではない。電力・原子力業界とメディアとの間には、他の業界にはないもっとディープな癒着構造がある。

最近、『東電帝国――その失敗の本質』という新書を出版した朝日新聞の元経済部記者・志村嘉一郎が、原発草創期、東京電力が朝日の幹部や担当記者を麻雀やゴルフ、飲食などで接待漬けにしていたことを明かしたが、実は、こうした抱き込み工作は現在も続いている。電力会社や電事連は、広報部や総務部にマスコミ対策の特別予算を組んでおり、その金を使って新聞・テレビの編集幹部や担当記者、週刊誌の編集長などを日常的に高級料亭やクラブで飲み食いさせているのだ。

事故の直前まで東電の接待を受けていた老舗週刊誌の編集幹部がこんな証言をする。

「東電の場合、新聞・テレビは広報部が、週刊誌は総務部が接待を担当している。最初は東電の本社近くのしゃぶしゃぶ屋で会食するというところから始まり、次は向島の料亭、さらには銀座の高級クラブへと、接待場所がどんどん豪華になっていく感じだった。一時期は、タイ人の女性がいる店外デートＯＫの店にもよく連れて行かれたね。それから、担当記者や編集者が定年や異動になる際には、東電が主催する形で送別会が開かれるのが慣例になっていたね」

東日本大震災発生時、東電の勝俣恒久会長が新聞社の編集幹部や週刊誌の元編集長、ジャーナリストらを引き連れて中国ツアーに出かけていたことが報道されたが、こうしたマスコミ招待旅行も頻繁に行われている。

とくに有名なのが「原発見学ツアー」だ。このツアーは、「原発の実態をきちんと検証してもらうため」という名目で、電事連や各電力会社がメディア関係者に呼び掛けて頻繁に実施しているものだが、実際は見学だけでなく、高級旅館での食事や宿泊、地元歓楽街での遊興などがセットになり、メディアを取り込む装置として機能してきた。

また、電力会社はメディア関係者のアルバイトや再就職の面倒まで見ている。電力・原子力業界の広報誌、パンフレット、勉強会、シンポジウムに各社の論説委員、編集委員や担当記者を起用し、高い原稿料や謝礼を支払う。経済誌や情報誌にPR記事を出稿する際に、関係の深い新聞記者を指名して、匿名で執筆させる。さらに、外郭団体や関連法人では、定年を迎えた新聞記者を何人も雇用している。

たとえば、電力各社が資金を拠出して設立した電力中央研究所では、読売新聞の元論説委員をはじめ複数の元記者が研究顧問をつとめていたことがあるし、東電の元副社長が理事長の日本原子力産業協会では日経新聞の元論説委員が理事として名前を連ねている。また、電力業界が原子力推進の啓発を行うために設立した、日本原子力文化振興財団にも朝日新聞や毎日新聞、民放の関係者が複数参加している。

まさに公務員の天下りと同じ構図だが、電力会社とメディアの間ではもっと露骨なことも行われている。東京電力の営業所では『SOLA』というPR誌が配布されていたのだが、このPR誌は朝日新聞OBが経営する会社で発行しているもので、東電はその会社に年間一億円以上の金を支払っていたのだ。他にも、新聞社の元論説委員や編集委員にNPOを作らせたり、元週刊誌記者の会社に広告やイベントの仕事を発注したりと、電力会社がマスコミOBに金や仕事を流している例は数えきれないほどある。

さらに決定的なのは、こうした癒着構造が個々の記者レベルにとどまらないことだ。一九五〇年代、読売新聞社主である正力松太郎が原発導入をぶちあげて以降、読売新聞が全社をあげて電力業界に協力し、原発建設を推進してきたのは有名な話だが、読売にかぎらず、日本の主要メディアのほとんどが電力会社と組織ぐるみの関係をもっている。

とくにテレビは多くの局で電力会社が大株主となっており、南直哉《のぶや》・元東京電力社長が監査役をつとめるフジテレビ、石川博志・関西電力元社長が同じく監査役の読売テレビのように、電力会社の元幹部が役員に名前を連ねていることも珍しくない。

また、東日本大震災の直後、ACジャパン(旧・公共広告機構)のCMが大量に流れたことが話題になったが、民放各局にとってCM自粛の際の保険となっているこの組織も、東電、関電をはじめ七つの電力会社から理事が送り込まれ、電力業界が運営のイニシャティブを握っている。

### †検察、警察も手が出せない存在

要するに、メディアと電力業界の関係は〝癒着〟といった生易しいレベルではなく、完全に一体なのだ。新聞・テレビは〝原子力ムラ〟の一員として、電力会社や政府、御用学者とともに、ひたすら既得権益を守ることに血道をあげてきた。これでは、電力会社が他の企業とは比べものにならない強大なタブーになってしまったのも当然といえるだろう。

しかも、このタブー企業には、権力機関のバックアップもある。どんなに大量の広告をばらまいている企業も捜査当局が動いて事件になれば、メディアの報道にさらされてしまうが、電力会社は政界、経済産業省、さらに検察、警察にも太いパイプをもっているため、不祥事や不正が事件にならないのだ。

その象徴的な例が、二〇〇六年に福島第二原発でもちあがった東電と水谷建設の裏金疑惑だ。水谷建設といえば、小沢一郎の政治資金問題でも名前の出た政商・水谷功会長率いる中堅ゼネコンだが、この問題では、同原発の残土処理を六〇億円という法外な金額で請け負った水谷建設から、政界との関係が深く、原発フィクサーとの異名をとる人物が経営する企業や、東電の株主でもある元広域暴力団組長の経営する会社に計三億六〇〇〇万円の実体不明な金がわたっていたことが発覚。東京地検特捜部も当初、東電がこれらの勢力にリベートを渡すため水谷に裏金を作らせたとみて捜査を進め、当時、会長を辞任したばかりの〝東電の首領〟荒木浩に事情聴取までしていた。

ところが、着手から二カ月、突如、東電への捜査は中止になり、同じ水谷建設の疑惑でも、原発とは何の関係もない当時の福島県知事・佐藤栄佐久への贈賄事件にきりかわってしまう。その経緯について、全国紙の検察担当記者がこう証言する。

「東電と検察はもともと関係が深い上、当時の東電総務担当幹部と検察の最高幹部が東大法学部の同窓生だった。そのルートから、『このまま捜査を続けたら、原子力行政そのものが崩壊する』とストップがかかったと聞いている。ただ、特捜部も面子上、何もなしで終わるわけにはいかない。そこで、水谷の銀行口座を調べた時に出てきた佐藤前知事周辺への金の流れに目をつけ、捜査をシフトしたということだろう。佐藤前知事は、当時、福島第一原発のプルサーマル導入に反対して東電と激しく対立していたため、東電の意向が働いてスケープゴートにされたのでは、という見方もある」

同様の事態は関西電力をめぐっても起きている。二〇〇〇年頃、福井県の高浜原発でやはり、プルサーマル導入に反対する高浜町長と関電の間で激しい対立が起きていたのだが、その少し後、高浜原発の警備を担当していた警備会社社長が『週刊現代』(二〇〇八年三月二九日号/四月五日号)で、同発電所幹部から反対派町長の殺人依頼を受けていたと告発したのである。関電の原発幹部が殺人依頼とは信じがたい話だが、警備会社社長らはこの幹部とのやりとりを録音したテープなど、さまざまな証拠をもっていた。

だが、警察は関電側をまったく調べようとせず、逆に告発した警備会社社長らを大阪府警が恐喝で逮捕したのだ。この背景にはおそらく、電力業界に毎年、大量の警察官が天下りしているという問題がある。大阪府警は格好の天下り先である関電の不正追及を放棄し、逆に攻撃者排除に動いたということだろう。

政界、経産省、メディア、さらには検察、警察——。今回、福島で起きた原発事故は、こうした共犯者の存在抜きには語ることができない。彼らが電力会社とグルになって、その不正を葬り、原発の危険性を隠蔽してきた結果、史上最悪の事故が起きたのだ。

しかも、この構造は事故後もまったく変わらず、温存されたままになっている。一時は、一部のメディアが原発批判や東京電力批判を開始したかに見えたが、それも今では完全にトーンダウンしている。原発の再稼働はいつのまにか既定路線となり、東電国有化や発送電分離といった意見もどこかにかき消されてしまった。

おそらくこのままいけば、電力会社タブーはほどなく完全復活をとげるだろう。そして、事故の損害賠償も再生エネルギー買い取りもすべて電気料金に上乗せされ、電力会社はむしろ焼け太りしていくのではないだろうか。

## †ＪＲ東日本の販売拒否による報道圧殺

福島原発事故をめぐる報道は、一般企業よりも厳しい監視が必要なライフラインや公企業でさえ、経済的要因によってタブーになってしまうという現実を暴露した。実際、タブーとなっている公企業は電力会社だけではなく、他にもある。

そのひとつが日本最大の交通機関・ＪＲだ。ＪＲの場合は広告もさることながら、新聞・週刊誌の販売ルートを押さえていることがタブー化の大きな要因となっている。新聞や週刊誌はＪＲの駅売店「キヨスク」の扱いがかなりの比率を占めているのだが、このキヨスクと仕入れ業務を行う鉄道弘済会は、ＪＲの配下にある。そのため、メディアはＪＲの批判記事を書いて、キヨスクでの販売拒否という報復を受けることを恐れるのだ。

事実、過去にはそういった事態が何度も起きている。有名なのが一九九四年におきた『週刊文春』をめぐる販売拒否事件だ。

事件の発端はこの年、『週刊文春』が「JR東日本に巣くう妖怪」というタイトルで、同社が松崎明元動労委員長と新左翼過激派「革マル派」に支配されているといった内容のキャンペーン記事を掲載したことだった。このJR東日本と松崎元委員長、革マル派の関係は以前から水面下で噂されながら、どのメディアも触れることのできなかった問題だが、『週刊文春』はマスメディアの中ではじめてそこに踏み込んだ。

ところが、これに対してJR東日本管内のキヨスクを管轄する東日本キヨスク（現・JR東日本リテールネット）が同誌の販売拒否という挙に出る。『週刊文春』はキャンペーンの第一回目が掲載された六月二三日号から一カ月半にわたって、JRの駅売店から一冊残らず姿を消してしまった。当時、東日本キヨスクでの『週刊文春』の扱いは発行部数九〇万部のうち約一一万部にものぼっており、『週刊文春』はこの販売拒否に大打撃を受けた。結局、『週刊文春』はキャンペーンを予定より早く四回で終わらせ、その四カ月後にはJR東日本へのお詫び文を五分の三ページという異例の大きさで掲載する。

たしかに、『週刊文春』の記事には誤りや詰めの甘い部分もあった。だが、通常ならここまでの全面屈服はしない。同誌が販売拒否の圧力に耐えられなくなったあげくの全面屈服というのは明らかだった。そして、この全面屈服がさらにメディアを怯えさせ、「JRはさわってはいけない」というタブー性が強化されていったのはいうまでもない。

実はそれから一三年後の二〇〇七年、『噂の真相』時代の部下で、今はフリージャーナリストとして活躍している西岡研介が『週刊現代』で再びこのＪＲ東日本と松崎明の問題を追及。販売拒否こそまぬがれたが、ＪＲ東日本車内の中吊り広告出稿を拒否され、五〇件の名誉毀損訴訟を起こされた。

あえて強固なタブーに踏み込んだ『週刊現代』、そして西岡の勇気には拍手を送りたいが、問題は他のメディアである。西岡のルポは、かつての『週刊文春』の記事よりはるかに精緻なもので、会社・組合が一体となった異常な労務管理が乗客の安全さえ脅かしかねない状況にあることなど、重大な指摘がいくつもなされている。にもかかわらず、テレビ、新聞、他の週刊誌はこの報道を完全に無視してしまったのだ。『週刊文春』のときはまだ、ＪＲ東日本の言論圧殺の姿勢を問題にするメディアはあったのだが、それさえ皆無だった。

また、この追及ルポは講談社から『マングローブ』というタイトルで一冊にまとめられたが、『週刊新潮』で福田和也が、『週刊文春』で立花隆が紹介した以外は、書評さえほとんど載らなかった。とくに、通常はこうした社会派ルポルタージュを積極的に紹介する新聞での書評はゼロ。これだけをとっても、ＪＲ東日本がいかにメディアの間で絶対的タブーとなっているかがよくわかるだろう。

## †もうひとつのＪＲタブー

だが、ＪＲ東日本のケースはまだマシというべきかもしれない。というのも、同社で大きな力をもつとされる新左翼過激派の革マル派は国家権力からも危険視されている団体で、それを追及するメディアには、警視庁公安部や公安調査庁の協力が期待できるからだ。

しかし、ＪＲには、そうしたサポートすら期待できないＪＲ東日本以上のタブーが存在する。東海道新幹線などを管轄するＪＲ東海だ。

ＪＲ東海は、同じＪＲでもＪＲ東日本とは国鉄民営化の際の分割の線引きをめぐる争い以来、敵対関係にあり、組織編成や権力構造もまったく異なっている。労組も革マル派系は組合員が少ないため、その影響はほとんどない。

同社のバックにいるのはむしろ保守勢力だ。中でも、民営化後のＪＲ東海を独裁的に支配してきた葛西敬之《かさいよしゆき》会長は、自民党タカ派勢力ときわめて近い財界人として知られている。葛西会長は国鉄時代に運輸族のドンだった自民党の三塚博元幹事長の知遇を得て以来、清和会を中心に政界との交友を広げ、自らも中国問題や軍事、歴史問題でナショナリスティックな政治的言動を繰り返してきた。中でも親しいのが安倍晋三元首相で、安倍政権時代は教育再生会議の委員や集団的自衛権を検討する有識者懇談会委員を務めている。

こんな人物が率いる組織なのだからJR東海批判に公安が協力などするはずもない。しかも、JR東海のメディアに対する姿勢はJR東日本以上に高圧的だ。後者の場合、キヨスクを使った販売拒否に及んだのは前述したような、組織の根幹を揺るがす報道だったからだが、JR東海はもっと些細な記事に対してまで圧力をかけている。

今から二〇年前の一九九一年、現衆院議員の田中康夫が扶桑社発行の週刊誌『SPA!』に連載中のコラムで高さ制限を無視した京都駅ビル計画を批判したことがあるのだが、JR東海管轄の東海キヨスクはたったそれだけで『SPA!』を回収・返本するという事件を起こしているのだ。

そのためか、過去のメディア報道を見てもJR東海の批判、不祥事、スキャンダル報道はJR東日本以上に存在しない。九〇年代はじめには、当時、副社長だった葛西会長がホテルで女性と密会しているビデオが複数の週刊誌に持ち込まれたが、すべて封印されてしまった。『週刊現代』や光文社発行の『週刊宝石』(休刊)では、JR東海のコメントまでとってゲラ刷りまでできていたのに、発売直前にサシカエになり、『フォーカス』では記事がその盗撮の犯人を追及する記事にすりかわっていた。

もっと重大な問題も蓋をされている。福知山線の事故の際、JR西日本で運転士や車掌を追い詰める過酷な労務管理が問題になったが、実は、JR東海でも厳しい労務管理が行われているという話が根強くある。二〇〇六年一〇月と二〇〇七年七月に、JR東海の社員が相次いで自らの会社が走らせている東海道新幹線に飛び込み命を断ち、二〇一〇年の五月には、東京駅で同じく同社社員の飛び降り自殺があった。これらは抗議の自殺だったのではないかとも囁かれたのだが、メディアは同社の労務管理はおろか、三件の自殺の原因を検証することさえしなかった。

## 4 電通という、もっともアンタッチャブルな存在

### †サクラ動員問題で封印された電通の責任

経済の恐怖といえば、やはり、メディアにとって最大最強のタブーである電通について触れないわけにはいかない。電通は二〇〇九年三月期決算で上場後初めて損益が赤字になったとはいえ、連結売上高およそ一兆八九〇〇億円。一社で広告業界全体の売り上げの二〇パーセント以上という莫大な量の広告を取り扱い、各企業の広報対策、オリンピックやワールドカップ、万博などのビッグイベントの運営、さらには、政府、政党のPR戦略ま

で、ありとあらゆるものに関与している、世界一の巨大広告代理店だ。

もちろん扱っているのはテレビ、新聞、雑誌といったオールドメディアだけではない。ネットやモバイルでも単体で年間三五〇億円の売上高を誇り、ネット広告業界二位の代理店・オプトに出資して傘下におさめるなど、その影響力を日増しに強めている。

しかも、電通はたんに膨大な広告をとってきてくれる代理店というだけではない。テレビ局や出版社にかわり新番組や雑誌を企画する、番組が不祥事で放映中止になれば提供スポンサーのかわりにスポットCMを手配する、雑誌が売れ行き不振でピンチになれば誌面を買いきりでカバーする、有名芸能人を動かしてドラマやインタビューのキャスティングを肩代わりする、各社の幹部の子弟の就職の世話をする……。メディアにとっては何から何まで面倒をみてくれる保護者、あるいは共同経営者のような役割を果たしているのだ。これでは、メディアがさからえなくなるのも当然だろう。

電通のタブーがいかに強大かを思い知らされたのが、二〇〇七年に発覚した「裁判員制度フォーラム」のサクラ動員問題だ。これは、最高裁判所が導入間近の裁判員制度ＰＲのために産経新聞や地方紙などが主催する形で開かれたフォーラムで、聴衆にサクラを動員していたというもので、関与した各新聞社や裁判所が厳しい批判を受けた。

だがこのフォーラム、主催に名前を連ねている新聞社は孫請けで、最高裁判所からフォーラム開催を含めたPRを受注していたのは、電通だった。サクラ動員についても、当然、責任を問われなければいけないのは元請け業者・電通のはずだった。電通は二年間で七億円もの額で裁判員制度のPRを受注しながら、有効な告知ができず一般市民の聴衆を集めることができなかった。そのため各新聞社がサクラを動員せざるをえなかったのである。

しかも、電通はこのPRプロジェクトで、製作していないフォーラム告知の新聞広告製作代六〇〇万円や、存在しない事務局経費一八一五万円を架空請求していた疑惑も浮上している。他にも、この事業で電通が得た売り上げから四〇〇〇万円近い金が「地域力活性化研究室」という謎の会社の代表者や関係者に流れていることも明らかになった。

いずれにしても、我々の血税が電通に食い物にされていたわけだが、この問題で指弾されたのは、裁判所と産経新聞などの主催新聞社のみ、電通は『週刊朝日』『週刊金曜日』など、ごく一部のメディアを除いて、ほとんど批判も追及もされなかった。裁判所もメディアにとっては大きなタブーである。その裁判所が批判されているのに電通は批判されないというのは、この巨大広告代理店がいかに強固なタブーであるかの証左といえる。

## †電通の問題体質と報道されない不祥事

電通という企業にとってこうした問題は、氷山の一角にすぎない。同社は他にも上場企業とは思えないような問題や不正を数多く抱えながら、その体質を糾弾されないままここまできたのだ。

たとえば、同社をめぐっては、裁判員制度フォーラムでもあった架空請求やキックバックなどの不正経理の噂が他にも囁かれていて、何度かそれが表面化している。最近も、東京都の二〇一六年オリンピック招致活動をめぐって、同社がわずか一〇分のプロモーション映像の制作に五億円もの法外な制作費を請求したことが都議会で問題にされた。二〇〇〇年にはスズキ自動車のCMをめぐって、電通の営業局に属しているNEC元会長の長男がスズキに架空請求をし、三億円を横領していたことが発覚した。もっとさかのぼって一九八〇年代には、朝日新聞の広告掲載料金を水増しして請求したことが発覚したこともあった。

だが、電通はこうした問題が起こるたびに、それを個人の不祥事として片付け、うやむやのうちに幕引きをはかってきた。そして、メディアもその電通の言い分を鵜呑みにし、なんの追及もしてこなかった。

最近も、電通の元企画業務推進部長が一億五七五〇万円の詐欺容疑で東京地検特捜部に逮捕されるという事件が起きたが、実はこの事件で、同部長はだまし取った金を電通が出資している共同事業組合の資金繰りに充てていたといわれる。しかも、この共同事業組合をめぐっては、複数の取引先が未払い金の支払いを求めて電通を提訴中であり、同部長が懲戒免職となった二〇一〇年頃から事件にはもっと大きな背景があるのではないかと囁かれていた。

ところが、新聞やテレビは同部長が逮捕されるまで一切この事件を報道せず、逮捕後もたんなる部長の個人犯罪として新聞が小さな記事を載せただけだった。

また、同社は、有力スポンサー企業の経営者やメディア幹部、政界関係者の子弟を社員として採用するコネ入社が有名だが、そのせいか、社員の不祥事も後を絶たない。とくに多いのが大麻やワイセツ事件だ。

たとえば、一九九五年から九六年にかけて、中西啓介衆院議員（当時）の息子、経団連事務総長の子息ら六人の電通社員が相次いで大麻不法所持で逮捕されている。二〇〇四年にも、一人の社員が大麻取締法違反容疑で逮捕された。だが、これらの事件の多くは握りつぶされるか、報道されても扱いが極端に小さくなってしまうケースがほとんどだった。

中西議員（当時）、経団連事務総長の子息らのマリファナ事件ではさすがに会社名も報道されたが、たんに勤務先として報じられただけだった。六人もの社員が逮捕されているのだから、普通の会社なら絶対に「〇〇社に広がる大麻汚染！」と大々的に追及されるはずだが、そうした記事は新聞・テレビはもちろん、週刊誌でも一切なかった。

### †スポンサー・企業タブーの仕掛け人

電通のメディア支配は、自社の不祥事やスキャンダルを握りつぶすだけにとどまらない。スポンサーの不祥事やスキャンダルについても、その意を受けてメディアに圧力や懐柔工作を仕掛け、批判報道をつぶす役割を請け負っている。つまり、自らがタブー化するだけでなく、企業タブーを作り出す装置でもあるというわけだ。

何年か前、テレビ局の社員や複数の芸能人が大麻不法所持で逮捕される事件があった。このとき、大手アパレルメーカー社長の長男も一緒に逮捕されたのだが、なぜかその名前だけは出なかった。これは電通がそのアパレルメーカーに依頼されてもみ消した結果だったという。先に、カネボウが『週刊ポスト』の掲載した「土壇場企業」ランクに対して小学館にねじこみ、記事を回収・すり直しさせたトラブルを紹介したが、実はこのときも電通の担当者が同行していた。

また、二〇〇三年に消費者金融の大手・武富士で、ジャーナリスト宅の盗聴を組織的に行っていたことが発覚。同社に強制捜査が入り、オーナーの武井保雄元会長が警視庁に逮捕される事件があったが、この武富士のスキャンダル封じについても電通が全面的に協力していた。

武富士が年間一五〇億円にのぼる消費者金融の中でも突出した金額の広告をばらまいて、テレビ、新聞、週刊誌に圧力をかけてきたのは有名な話だが、同社の戦略を全面的にバックアップしていたのが他でもない電通だった。しかも、武富士に強制捜査が入る直前、武井会長から事件の対応とマスコミ報道つぶしの協力要請を受けると、電通はなんと、自社の局次長を武富士に広報担当として出向させているのだ。

自社の利益のためなら犯罪企業のお先棒を担ぐことまでやってのける巨大広告代理店・電通。こんな会社に支配されているのだから、メディアの企業タブーが年々、増殖し、強固になっているのも当然かもしれない。

## 5　ゴシップを報道される芸能人とされない芸能人

### †モナ騒動の陰で封印された嵐の「大麻」疑惑

ワイドショーやスポーツ紙、週刊誌といったメディアには、連日、おびただしい数の芸能人のゴシップが流されている。熱愛、密会、不倫、[illegible]言、乱行、痴態、さらにはクスリ……。ネットでも、こうした報道を元ネタにさまざまな憶測、批判がとびかい、特定の芸能人が激しいバッシングに晒されることも珍しくない。

だが、これらの芸能報道を注意深く見ていくと、ある事実に気づかされる。それは、スキャンダルや不祥事で集中砲火を浴びるタレントがいる一方で、同じようにスキャンダルや不祥事を起こしながらほとんど追及されない芸能人がいるという事実だ。

本書の読者なら、二〇〇八年夏、タレントの山本モナがプロ野球選手・二岡智宏とラブホテルに入ったことを『女性セブン』にスクープされ、大きな騒ぎになったことを覚えているはずだ。この「ラブホ不倫」で、山本モナはワイドショー、スポーツ紙からネットまで、あらゆるメディアから激しいバッシングを受け、キャスターに抜擢されたばかりのフジテレビの情報番組など、すべての出演番組を降板する事態に追い込まれた。

だが、このモナ騒動と同時期、もっと衝撃的なスキャンダルがもちあがっていたことを知る読者はほとんどいないのではないか。このスキャンダルとは、人気絶頂のアイドルグループ「嵐」のリーダー・大野智《さとし》の大麻疑惑。大野と合コンの後、3Pをしたという女性が『週刊現代』（二〇〇八年八月九日号）に登場し、カラオケボックスの個室で大野が大麻を吸引したことを「大野クンは大麻を吸ったあとに『目がピカピカする』と言いながら、大ハシャギしていました」などと詳細に証言したのである。しかも、この記事には、焦点が定まらない目をした表情の大野が女性の太ももをさわったり、二人の女性を抱きよせている写真が掲載されていた。

ところが、大野の衝撃的なスキャンダルはモナ騒動とは対照的な経緯をたどる。『週刊現代』の記事を後追いしたのは、「東京スポーツ」と『サンデー毎日』のみで、他のメディアはまったくとりあげようとしなかったのだ。

たしかに、『週刊現代』の記事は女性の告白のみで構成されており、大麻吸引が客観的に立証されているわけではない。だが、掲載された写真を見れば告白者との間に何かがあったのは明らかであり、芸能ジャーナリズムの普段の報道から考えれば、追及して当然の問題だった。実際、その一年ほど後、女優の沢尻エリカが事務所との契約を打ち切られた際は、多くのスポーツ紙、週刊誌が何の証拠もないのに、「薬物が原因か」と書き立てた。

しかし、大野のケースでは報道はおろか、ジャニーズ事務所や大野に真相を取材するということさえしなかったのだ。そして、事態は何事もなかったように終息。当時、大野の所属する嵐は日本テレビのチャリティ番組「24時間テレビ」のメインパーソナリティをつとめることに決まっていたが、降板や謹慎といった事態にもならず、大野はそのまま出演を果たした。

## †乱交パーティ報道で露見したタレント間の格差

芸能人をめぐる扱いの差は、私自身も間近で目撃したことがある。一九九九年、私が編集していた『噂の真相』がTBSを舞台にした「芸能人乱交パーティ」をスクープしたときのことだ。

このスキャンダルは、TBSの編成局に出入りしていたある芸能ブローカーが男性アイドルや若手俳優、そしてTBS局員のために、乱交パーティを開催していたというもので、『噂の真相』の記事をキッカケにパーティに参加した女性の証言や、アイドル、TBS局員らが乱痴気騒ぎを繰り広げている写真が流出。テレビはさすがに報道しなかったが、スポーツ紙や週刊誌など、ほとんどのメディアが大々的に報道する騒ぎとなった。そして、TBSでは、写真週刊誌『フラッシュ』にパーティ写真を掲載されたアナウンサーが全番組を降板させられたのをはじめ、パーティに参加したすべての社員に担当部署を外すという処分が下された。

だが、その一方でこの乱交パーティ報道には、非常に不可解な現象が起きていた。パーティには俳優の東幹久、加藤晴彦、いしだ壱成、小橋賢児、さらには、KinKi Kidsの堂本光一、TOKIOの長瀬智也といったジャニーズのアイドルも参加していたとの証言や写真があり、『噂の真相』は彼らの実名を報道していたのだが、後に続いた週刊誌、スポーツ紙はそのほとんどを匿名にし、なぜかいしだ壱成だけを実名で報道したのである。

断っておくが、いしだはこの乱交の中心人物だったわけではないし、彼の乱交写真だけが流出したわけでもない。また、いしだはこのとき、大麻不法所持で逮捕される前で、他のアイドルや芸能人と同じくらい高い人気を保っていた。にもかかわらず、週刊誌は見出しに「いしだ壱成ら若手俳優がはまった乱交の一部始終!」「いしだ壱成らアイドルが参加!」と打つなど、いしだひとりに集中砲火を浴びせ続けたのだ。

他にも、こうした現象は頻発している。石原真理子(現・石原真理)の告白本『ふぞろいな秘密』(双葉社)で、彼女と関係した芸能人が片っ端から実名で暴露される中、たったひとり近藤真彦だけが「K」とアルファベット表記だった、未成年喫煙で加護亜依を休業に追い込むまで追及した芸能メディアが、公然わいせつで逮捕された草彅剛については「かわいそう」「警察はやりすぎ」と同情論を大合唱する、藤原紀香と陣内智則の離婚では陣内だけが激しいバッシングを受ける……。

こうした極端な扱いの差はいったいどこからくるのか。実は、この現象にはタレント個人の資質や力はほとんど関係がない。絶頂期のビートたけしや松田聖子がスキャンダルまみれになったことからもわかるように、いくら売れっ子の芸能人、人気タレントであっても、それだけではメディアの追及を免れることはできない。

実は、芸能人がバッシングや批判を免れるかどうかは、その芸能人が誰かということとは別の要素によって決められているのだ。それは、彼や彼女がどこのプロダクション、どの事務所に所属しているか、だ。芸能界におけるタブーというのはつまり、芸能プロダクション・タブーのことなのである。

## †酒井法子と押尾学事件で見えたプロダクション・タブー

現在、芸能界には、芸能メディアからタブーと呼ばれているプロダクションがいくつかある。この数十年間、トップアイドルを量産し続けてきたジャニーズ事務所、「芸能界のドン」との異名をもつバーニングプロダクション、売れっ子俳優、ミュージシャンを数多く抱える研音、このところ急速に勢力を拡大しているケイダッシュ、そしてレコード会社からマネジメント業務にも進出したエイベックスグループ……。芸能ジャーナリズムは、これらの事務所に所属している芸能人について、刑事事件でも引き起こさない限り、ネガティブな報道を一切できなくなっているのだ。

前述した極端な扱いの差もここからきている。たとえば、嵐の大野智が大麻疑惑で追及を受けなかったのは、彼がジャニーズ事務所のトップアイドルだからであり、山本モナがバッシングを受けたのは、彼女がオフィス北野というビートたけしがつくった小さな事務所所属だったからだ。藤原紀香と陣内智則の離婚で陣内だけが激しいバッシングを受けたのは、紀香がタブーのバーニング系プロダクションの所属で、陣内がスキャンダル報道に鷹揚な吉本興業の所属だからだ。

乱交パーティ報道もまったく同じ構図だ。ＫｉｎＫｉ Ｋｉｄｓの堂本光一、ＴＯＫＩＯの長瀬智也はジャニーズ事務所、東幹久はバーニング系列のプロダクション、小橋賢児は研音（当時）と、すべて大手芸能プロ所属だったため、芸能メディアは実名報道を自粛せざるをえなかった。だが、すべて匿名では記事にリアリティがない。そこで、独立系の小さな事務所所属で後に影響のなさそうないしだをスケープゴートにしたのである。

芸能タブーが芸能人ではなく、プロダクション、所属事務所の問題であることは、二〇〇九年に起きた二つの薬物事件、酒井法子と押尾学の事件で起きたことを比べれば、もっとよくわかるかもしれない。二つの事件はいずれも刑事事件になったため、本人たちは同じように厳しく指弾された。だが、所属事務所に対する追及はまったくちがうものだった。

まず、酒井法子の覚せい剤事件では、酒井の夫が逮捕されてから、酒井の失踪、逮捕状請求、起訴、保釈まで、所属事務所・サンミュージックの相澤秀禎《ひでよし》会長と相澤正久社長が自ら何度も会見を開き、かなり誠実にメディアに対応していた。ところが、メディアは、サンミュージックが当初、酒井の覚せい剤使用を否定し、失踪中の安否を心配するコメントを出していたことにかみつき、その責任を激しく追及したのである。酒井の逮捕直後には、同社があれだけ丁寧にメディア対応をしていたにもかかわらず、レポーターが「社長を出せ！」「説明しろ！」と詰め寄るシーンも見られたし、その後も、酒井に親心を見せるサンミュージックを「甘すぎる」「覚せい剤使用を知っていたのではないか」と責め立てた。そして、最終的に同社の相澤秀禎会長が退任、相澤正久社長が副社長への降格に追いこまれている（一年後に復帰）。

一方、押尾学の事件で所属事務所・エイベックスはどうだったか。この事件は押尾が違法な薬物をやっていたというだけでなく、女性を死亡させ、後に保護者責任遺棄致死容疑で逮捕・起訴されている。しかも、エイベックスの担当マネージャーが現場に駆けつけ、女性の携帯電話を捨てるなど、証拠隠滅を図り、共犯で逮捕されているのだ。ところが、エイベックスは押尾とマネージャーを解雇すると、後は関係ないとばかりに、たった一度の社長会見すらやらないまま逃げ切ってしまったのである。

こんなことが通用したのは、エイベックスが芸能メディアにとってタブーだからに他ならない。サンミュージックに対しては、たった一回、社長が会見に出なかっただけで、

「社長を出せ」と詰め寄った芸能メディアが、エイベックスに対しては、責任追及どころか、会見開催の要求すらできなかったのだ。

最近、島田紳助の引退をきっかけに起きた暴力団がらみの報道でも、同様の構図がある。この報道では紳助や所属の吉本興業はもちろん、さまざまな芸能人、プロダクションが暴力団との関係や過去のトラブルを追及されているが、その一方で、バーニングなど一部のプロダクションに関しては、まったく報道が出てこないのだ。

いったいなぜ、このように特定の芸能プロダクションだけがタブーになっているのか。次節ではその要因を具体的に検証してみたい。

## 6　芸能プロダクションによるメディア支配

### †「出演拒否」でメディアを屈服させるジャニーズ事務所

芸能プロダクションがタブーになるメカニズムを説明しようとするとき、そのもっともわかりやすい例となるのは、前節でも何度か名前の出てきたジャニーズ事務所だろう。

ＳＭＡＰ、嵐から、ＴＯＫＩＯ、ＫｉｎＫｉ Ｋｉｄｓ、タッキー＆翼、ＫＡＴ－ＴＵＮ、ＮＥＷＳ、関ジャニ∞、さらにはＨｅｙ！Ｓａｙ！ＪＵＭＰと、数多くの売れっ子美少年ユニットを擁するこのプロダクションは、いまや芸能界で「帝国」と呼ばれるほどの権勢を誇り、あらゆるメディアがその前にひれ伏す絶対的タブーとなっている。

とくに、テレビ局はジャニーズの奴隷といってもいいような状態だ。ジャニーズ事務所からどんな無理な要求をされようが、どんな理不尽なクレームをつけられようが、さからうことができず、その無理難題を全部丸のみしている。共演者の選定や演出への細かな注文に従うのはもちろん、その気の使いようは涙ぐましいといってもいいほどだ。木村拓哉がそう呼ばれることを嫌っているというだけで、「キムタク」という呼称を使用禁止にしていたこともあったし、改編期に各局が放映する「ＮＧ特集」でもジャニーズの主要タレントのものだけはけっして使わないことになっている。こんな状態では、テレビがジャニーズタレントのスキャンダルやゴシップなどを報道できるはずがないだろう。二〇〇一年にＳＭＡＰの稲垣吾郎が道路交通法違反と公務執行妨害で逮捕されたときは、通常の逮捕者に使われる「〇〇容疑者」という肩書きはイメージが悪いという配慮で、「稲垣メンバー」という奇妙な呼称まで使用した。

テレビよりは芸能人に強いスポーツ紙や週刊誌も、ジャニーズ事務所には頭が上からない。スポーツ紙、女性週刊誌はゴシップ報道どころか、ヨイショ記事だけを配信するPRメディアと化しているし、時折、密会写真などを掲載する写真週刊誌にしても、事前にジャニーズ側にゲラや写真などをチェックさせ、表現をやわらかくしたり、写真を差し替えたりという自主規制を行っているケースが大半だ。

ネットやモバイルも大手は完全にジャニーズの支配下にある。たとえば、ポータルサイトやニュースサイトを見れば、ジャニーズのタレントの写真がほとんど存在しないことに気づくはずだ。著作権法では報道のための写真使用は認められているのだが、これらのサイトはジャニーズの意向を尊重して一切の使用を自粛しているのである。

ジャニーズのこの異常ともいえるメディア支配の源泉はいったい何なのか。第一義的にはやはり、同事務所が前述したように大量の人気タレントを抱えていることだろう。すべての局で毎日のように冠番組が放映され、NHKの大河ドラマまでが主演に起用する。今のテレビはジャニーズなしでは番組が成り立たなくなっているのだ。

出版社も同様だ。週刊誌を発行しているような大手出版社はたいていファッション誌やテレビ雑誌を発行しており、そこではジャニーズのタレントが必ず起用されている。写真集や書籍、映画、DVDなどジャニーズ関係のコンテンツを販売したり、出資しているケースも少なくない。ジャニーズを怒らせたら、大きな利益を上げているこれらのコンテンツからタレントを引き上げられかねない。そういう恐怖がメディアを支配しているのだ。

しかも、同事務所はメディアを黙らせる武器をもうひとつ持っている。それは、「カレンダー利権」なるものだ。ジャニーズでは毎年、各アイドルグループが写真つきの公式カレンダーをつくるのだが、その制作・販売を大手出版社にわりふるのだ。

たとえば、二〇一〇年版だと、NEWSのカレンダーが光文社、Hey!Say!JUMPが小学館、KAT-TUNが講談社、ジャニーズJr.は集英社。ジャニーズのカレンダーは、それぞれに固定ファンがついているため、一定の部数が確実に見込めるうえ、ときには億単位の利益を生み出すこともある。ジャニーズ事務所はこれを使って、出版社や週刊誌報道をコントロールするのである。その出版社の週刊誌がジャニーズの意向に背く記事を掲載すると翌年、カレンダーの制作・販売権を剥奪する。逆にジャニーズに貢献した出版社にはもっとも売れ筋のタレントをわりふる、というように。

各メディアはこうした恫喝に屈し、その支配下に入ってしまうのである。

### †存在そのものがタブーとなっているバーニングプロ

では、ジャニーズ事務所と並んで芸能界二大タブーといわれているバーニングプロダクションの場合はどうなのだろう。バーニングはジャニーズとちがって、一般的にはほとんど名前を知られていない。所属タレントを見ても、小泉今日子、ウエンツ瑛士と小池徹平のWaT、藤あや子、内田有紀、稲盛いずみといったところが目立つくらいで、ジャニーズのように直接、人気のあるタレントを多数擁しているわけではない。だが、このプロダクションの芸能ジャーナリズムにおける存在感は絶大で、同社の社長・周《す》防郁雄《ほういくお》はこの三〇年近くずっと、「芸能界のドン」として恐れられてきた。

実は、芸能界にはバーニング本体とは別に「B系」と呼ばれる同社系列や提携関係のプロダクションが多数存在している。藤原紀香が所属するサムデイや本木雅弘、竹中直人、北村一輝ら中堅俳優が数多く所属するフロム・ファースト、中山美穂のビッグアップル、香里奈、田中麗奈ら女優・モデル系のテンカラット、香田晋ら演歌系に強いゴールデンミュージック、さらには熊田曜子、安田美紗子らグラビア、モデル系のアーティストハウス・ピラミッド……。その数は一説には二〇以上ともいわれているほどだ。

また、バーニングはバーニングパブリッシャーズという音楽出版会社をもっているのだが、この会社を通じて、錚々《そうそう》たる顔ぶれのミュージシャンの音楽出版権を所有している。他にも、プロシードという関連会社ではCMキャスティングを一手に握っているし、オフィスプロペラは数多くの芸能人の興行を手がけている。ひょっとすると、全芸能人の三分の一以上が何らかの形でバーニングとかかわっているといってもいいかもしれない。

そして現在、これらバーニングと関係の深い事務所、タレント、ミュージシャンのほとんどが、芸能メディアにとって、スキャンダル、ゴシップを報道してはならないタブーとなっているのだ。芸能レポーターや記者の間では、「あのタレントはB系だから。（スキャンダルは）やれない」といった台詞が頻繁にとびかっている。

しかも、バーニングの場合は、たんに所属タレントのスキャンダルだけでなく、事務所の存在にふれること自体がタブーになっている。序章で紹介した朝日放送のラジオ番組「誠のサイキック青年団」の打ち切りと北野誠の謹慎処分などは、その典型だろう。

取材したところによると、この事件は北野が同番組でバーニングプロやその所属タレントを中傷する発言をしていたのを、リスナーがテープに録音して同社をはじめ関係団体に送りつけたのが発端だった。発言の内容は、サザンオールスターズの音楽出版権に関する噂話だとも、小泉今日子や藤原紀香を揶揄したものだともいわれているが、いずれにしても、この通報でバーニングは北野の発言を知り激怒。同社の強い影響下にある業界団体・日本音楽事業者協会を動かして朝日放送と松竹に抗議させたのである。

しかし、この経緯は当初、まったく明らかにされていなかった。当事者である朝日放送も松竹芸能も、そして謝罪会見を開いた北野誠も、「不適切発言があった」というだけで、何が原因なのか、どこからどういう抗議があったのかについては口をつぐんだまま。芸能ジャーナリズムも、バーニングや音事協の存在には一切ふれようとはしなかった。そのため、ネットを中心に創価学会圧力説などのデマが流れることになったのである。

まさに、「闇から闇に葬り去られた」という表現がぴったりの顚末だが、バーニングがらみのトラブルは、こういうケースが非常に多い。ジャニーズは露骨に圧力をかけてくるためその経緯が露見するのだが、バーニングは自らの存在を表に出さないため、何が起きたかが非常にわかりづらい。当事者以外はまったく知らないまま、いつのまにかバーニングがらみの記事や報道が消えてしまうといったことが頻繁に起きている。

## †ジャニーズのムチとバーニングのアメ

こうしたことから、バーニングプロダクションについては、「闇勢力」を使ってメディアを支配をしているかのような指摘をする関係者もいる。だが、これはいささか現実離れした見方だといわざるをえない。たしかに、バーニングは以前、赤坂の本社社屋に銃弾を撃ち込まれたり、フィクサー・許永中との接点が取沙汰されたこともある。しかし、暴力団などを使えば刑事事件に発展することもあり、大手プロダクションである同社がそんなリスクを冒すとは考えられない。

実は、バーニングというプロダクションはけっしてコワモテなやり方で、今の状況を築き上げたわけではない。むしろ逆だ。テレビの編成局幹部やプロデューサーにさまざまな便宜を図る、プロダクション間の利害を調整してドラマや映画のキャスティングに協力する、スポーツ紙の担当記者を海外取材に連れて行く、週刊誌にネタとなるような情報を提供する、さらには、テレビや出版社が抱えるトラブルを解決する……。バーニングは自らの芸能界における政治力を駆使し、こうしたさまざまな恩を売ることでメディアにネットワークをつくり、それをテコにメディアを支配してきたのだ。

民放各局の連続ドラマのキャスティング、主題歌は一時、かなりの部分をバーニングが調整して決定していたというし、毎年開かれる日本レコード大賞にも大きな影響力を持つといわれてきた。

その意味では、バーニングのメディア支配の手法はジャニーズのそれとは対照的といえる。ジャニーズが出演拒否というムチでメディアをいいなりにしてきたとすれば、バーニングはアメをまくことで自らをタブー的存在にしてきたのだ。

では、他のプロダクションはどうだろう。タブーといわれるプロダクションはジャニーズ、バーニング以外にもいくつか存在しているが、それぞれのメディアに対する姿勢を分析すると、結局、この二大タブー・プロダクションをモデルにしていることがわかる。

たとえば、研音グループは、唐沢寿明、江角マキコ、伊東美咲、天海祐希などの売れっ子俳優、平井堅、コブクロなどのトップミュージシャンを多数抱えているが、まさにその数の力を背景にジャニーズ型のメディア支配を行っている。自社タレントが主演するドラマに強引に若手をねじこむ、意に反したキャスティングをしたテレビやゴシップを掲載した雑誌の発行元からタレントを引き上げることも珍しくない。

一方、渡辺謙、高橋克典、坂口憲二などの人気俳優から、山田優、スザンヌら人気タレント、オードリーなどのお笑い芸人までが所属するケイダッシュグループは、明らかにバーニング型だ。同社を率いる川村龍夫会長はバーニング周防社長と高校の同窓で盟友という関係。その芸能界における政治力、メディア対策の手法もバーニングとよく似ており、テレビ局や出版関係者からは、「もうひとつのバーニング」として恐れられている。

押尾学事件で力を見せつけたエイベックスグループは両者の融合型といえるだろう。人気絶頂のEXILEから、倖田来來、浜崎あゆみ、東方神起、松平健、さらにはダルビッシュ有まで、多数のタレントを擁する「数の力」と、バーニング・周防社長など業界の有力者を後ろ盾にしたメディア対策で、浜崎あゆみ無許可路上ライブ事件から総会屋監禁事件、押尾学事件まで、さまざまな不祥事を抑え込んできた。同グループの業績は最近、落ち込みをみせているというが、メディアに対する支配力は高まる一方で、「いまや芸能界最大のタブー」という声も聞こえてくる。

## †ＡＫＢ48の巧みなメディア対策

ただ、ジャニーズ型であっても、バーニング型であっても、芸能プロダクションがタブーになる過程にはひとつの共通する構造がある。それは、彼らがメディアを組み込む形で強固な利益共同体を築き上げていることだ。その共同体に取り込まれた者は、そこから排除されることを恐れ、プロダクションに一切さからえなくなってしまう。

こうした構造をとてもうまく利用しているのが、今、人気絶頂のアイドルユニット、ＡＫＢ48だ。ＡＫＢのメディア対策は非常に特徴的で、芸能ゴシップを頻繁に掲載している週刊誌や実話誌など、本来は芸能人にとって天敵であるメディアに対して利権を積極的に分配し、自分たちの利益共同体に取り込む戦略をとっている。

たとえば、密会写真スクープなどで芸能ゴシップの震源地となることが多い写真週刊誌『フライデー』では、「ＡＫＢ48友撮《ゆうさつ》」という連載に加え、グラビアや袋とじ、付録ポスターという形で、毎号のようにＡＫＢメンバーが登場。さらには、人気イベント「ＡＫＢ選抜総選挙」の公式ガイドブックも同誌編集部で制作され、講談社から発売されている。

もうひとつの写真週刊誌である『フラッシュ』も同様だ。「今週のＡＫＢを追っかけ隊ッ！」といった連載に加え、こちらは「じゃんけん選抜」の公式ガイドを出版している。

普段はアイドルと縁遠い総合週刊誌でもさまざまなＡＫＢがらみのプロジェクトが展開されている。『週刊朝日』は「ＡＫＢ48写真館」に続いて「ＡＫＢ48リレーインタビュー」と、長期にわたり連載を続けているし、『週刊ポスト』編集部と小学館は、二〇一一年の公式カレンダーの制作と販売を任されている。

他にも、『アサヒ芸能』のような実話誌から、「日刊ゲンダイ」「東京スポーツ」などの夕刊紙、さらには『ＢＵＢＫＡ』などの鬼畜系雑誌まで、それこそありとあらゆるメディアが、連載、グラビア、記事、写真集の発行といった形で、ＡＫＢ人気の恩恵に与《あずか》っているのだ。

ＡＫＢの連載をしている週刊誌の編集幹部がこんな本音を漏らす。

「ＡＫＢ48はＡＫＳという会社が運営しているんですが、ここに秋元康さんの弟がいて、雑誌対策をやっている。これまで芸能プロが相手にしなかったゴシップ週刊誌にもエサを与え、味方にするというのは彼の戦略ですね。ただ、それがわかっていても、我々としては乗らざるをえない。というのも、ＡＫＢが出ると、雑誌の売り上げが数千から一万部くらいアップする。雑誌が売れない時代にこれはすごく大きいんです」

しかも、ＡＫＳの戦略が巧みなのは、ＡＫＢがらみの単行本や写真集などの出版権を、週刊誌発行元の出版社に与えるだけではなく、週刊誌の編集部を指名して制作させている点だ。このやり方だと、売り上げが編集部に計上されるため、編集部としてはますますAKBへの依存度が高まり、さからいづらくなる。

実際、こうしたメディア対策が功を奏し、AKB48は今や、新たな芸能タブーのひとつに数えられるようになった。AKBにはメンバーの異性関係や運営会社・AKSの経営幹部の問題などさまざまなゴシップが囁かれているのだが、どの週刊誌もそれを報道しようとはしない。『週刊文春』『週刊新潮』だけは活字にしているが、AKBの利益共同体に組み込まれた他のメディアに無視され、完全に孤立している状態だ。

もちろん、今の状況が続くのはAKBに人気がある間だけであり、商品価値の凋落とともに徐々にスキャンダルが吹き出し始めるかもしれない。しかし、ゴシップ報道の震源地であるメディアに利権を配分し、自分たちの利益共同体に組み込むというその方法論は今後、芸能プロにとって新しいモデルになるだろう。

そう考えると、このAKBの登場をきっかけにして、芸能プロダクションとメディアの関係が大きく変わっていく可能性も十分にありうるのだ。

## †縮小する芸能スキャンダル報道

実は、AKB48の登場を待つまでもなく、芸能報道の変化は数年前から起きている。

芸能プロダクションでは、これまでスキャンダル報道に鷹揚だったホリプロ、渡辺プロ、吉本興業といった老舗、あるいはスターダストプロモーションのような新興勢力もジャニーズやバーニングの手法を模倣し、メディア対策や圧力を強め始めている。また、タレントの側もバッシングを回避するために、メディアからタブー視されている事務所に移籍するケースが増えてきた。

そしてその結果、芸能メディアがゴシップを報道できる相手がいなくなり、芸能ジャーナリズムの領域じたいがどんどん狭まってきているのだ。数年前まで各ワイドショーには必ず芸能コーナーがあって、故・梨元勝、前田忠明、井上公造ら芸能レポーターが毎日のように登場していたが、最近は次々と廃止され、芸能レポーターたちも地方局でしかその姿を見ることができなくなった。女性週刊誌なども、売り物のバッシングができる相手がいなくなって、市川海老蔵、亀田兄弟、朝青龍など、歌舞伎役者やスポーツ選手にシフトせざるをえなくなっている。

メディアの側も同様だ。この利益共同体に組み込まれるメディアはこれまで、テレビやネット、スポーツ紙、エンタテインメント系の出版社などに限定されていた。ところが、最近はメディア不況の影響で、一般紙や文芸系出版社までが、芸能人が生み出す利益を求め、この共同体に組み込まれつつあるのだ。『週刊新潮』も発行元の新潮社がジャニーズ関連の書籍を出版して以降、ジャニーズスキャンダルをやりづらくなっていると聞くし、ほとんどの新聞社がテレビCMや主催のイベントなどで、芸能人を起用するようになっている。このままでは、大手芸能プロダクションの所属する芸能人の不祥事やゴシップを報道できるメディアはどこにも存在しなくなってしまうのではないか。

これは、たかが芸能人のゴシップ、とタカをくくっていられる話ではない。社会学者の宮台真司も指摘しているように、芸能人は政治家と同じく一定の社会イメージを作り出す存在であり、芸能人の影響力というのはこの数年で政治家以上に高まっている。一国の首相がファンだといって自党のCMにビジュアル系バンドの音楽を流す、女性アイドルグループが自衛隊の隊員募集ポスターに登場し、人気絶頂のダンスユニットが天皇祝賀イベントに参加する。そして、テレビCMからマルチ商法の広告塔まで、あらゆる経済活動のPRにタレントが登場し、選挙のたびに大量の芸能人がタレント議員として出馬する……。

メディアが経済の論理を優先して、芸能人に対してPRのような報道しかできない状況を進行させていけば、そのタブー性がもっと重要な問題に利用され、社会全体があらぬ方向に引っ張られるといった事態も起こりかねないだろう。ポピュリズム化が進む今の社会状況を考えたとき、これはけっして大げさな話ではないはずだ。

# 7　暴力、権力の支配から経済の支配へ

## †メディア支配の手法を変えた創価学会

本章では、日本を代表する大企業、公共機関、そして、ユダヤ団体から芸能プロダクションまで、経済要因がさまざまなタブーを作り出していることを検証してきたが、このタブーは近年、さらに増大の一途をたどっている。従来のナショナルクライアントに加え、不況下でも大量の広告を出稿し続けるユニクロやマクドナルド、グリーやディー・エヌ・エーなどの新興〝勝ち組〟企業もメディアにとって批判できない存在になりつつあるし、雑誌・新聞の流通を握るコンビニエンスストア、モバイルコンテンツの元締であるケータイキャリアなどのタブー化も進んでいる。経済の恐怖はいまや、暴力や権力をしのぐ最大のタブー要因になったといってもいいだろう。

この状況には十数年前から始まったメディアの構造変化も大きく影響している。グローバリゼーションと事業の多角化によってステークホルダーや利害関係者が増加する一方、

ほとんどのメディアは本業での収益率の低下によって採算性をより重視せざるをえなくなった。その結果、経済的損失が彼らの最大の急所となってしまったのだ。

そして、メディアを黙らせようとする側もこの変化を敏感に感じ取っている。経済の力を使えば、刑事訴追のリスクがある暴力や世論の反発を招く権力より、もっと簡単にもっと効果的にメディアを黙らせられることに気づいたのだ。そして、これまでは暴力や権力でメディアに圧力をかけていた組織や団体が、最近は経済をその手段にし始めている。

たとえば創価学会などはその典型例といえるだろう。創価学会については、第2章で他の宗教と同様、タブーになった根源的な要因は暴力の恐怖にあると述べ、かつて同団体が暴力的な手法でメディアに圧力をかけていたことを紹介した。だが、その創価学会も途中から明らかにメディア支配の方法を経済にシフトしている。

その武器の一つが、「賃刷り」と呼ばれる聖教新聞・公明新聞の印刷委託だ。現在、聖教新聞の公称発行部数は五五〇万部、公明新聞は同八〇万部。創価学会はこの印刷のほとんどを新聞社及び新聞社系の印刷会社に委託しているのである。この二つの新聞はいずれも日刊だから、当然、受託した新聞社は莫大な額の収入を得ることになる。

この賃刷りの受託先はかつて、東日印刷など毎日新聞系の印刷会社が中心だった。ところが、ある時期から様相は一変する。二〇〇七年、ジャーナリストの寺澤有が、全国に三七ヵ所ある聖教新聞印刷拠点の最新版の委託先を公開したが（「衝撃の新事実！　池田大作なき後の『マスコミ支配』」『別冊宝島Real 072』）、そこからは、聖教新聞があらゆる新聞社系の印刷会社で刷られていることが見て取れる。

六ヵ所の印刷拠点で印刷を請け負っている毎日新聞系に加え、読売新聞系も五ヵ所を、朝日新聞系の印刷会社も一ヵ所の印刷を受託。さらには、北海道新聞、西日本新聞などのブロック紙、河北新報、福島民報、信濃毎日新聞、静岡新聞、名古屋タイムズ、京都新聞、神戸新聞、中国新聞、熊本日日新聞などの地方紙系列印刷会社も印刷を受託している。なかでも、この数年で急伸長したのが読売新聞で、東京、大阪、神戸という大都市の印刷を自社工場で請け負っている。

学会が印刷委託先の分散や変更を頻繁に行うようになった背景には、新聞社間の受注競争を煽り、さまざまな新聞社への支配を強める意図があったはずだ。すでに印刷を受注している新聞社は印刷委託を打ち切られないよう報道に配慮し、新規に参入したい新聞社は学会に気に入られようとするだろう、そんな狙いがあったと考えられる。

学会のメディア支配にはこれに加えて、広告攻勢もある。一〇年前から、聖教新聞や潮出版社、第三文明社などの学会系出版社が自社出版物の広告を、新聞・雑誌に大量に出稿し始めているのだ。『週刊新潮』（二〇〇三年一一月六日号）が、創価学会系出版社の新聞、中吊りなどの広告出稿量の推移を調べているのだが、それによると、二〇〇二年一二月頃までは月間の出稿費が五〇〇〇万円前後だった。それが〇三年二月には一億円を突破し、同年夏には二億五千万円に到達している。新聞広告の段数も〇三年を境に、月間二〇〇段前後から一〇〇〇段と五倍増となっている。

また、この少し前からは、創価学会のPR記事を掲載させた新聞や出版物、雑誌の大量買い取りも始まった。これらも、発行部数や広告収入が激減している新聞、雑誌に資金を投下することで、恩を売り、報道をコントロールしようという作戦と考えて間違いない。

しかも、この作戦は驚くほどの効果をあげた。新聞でも雑誌でも、創価学会の批判、あるいは学会員が絡んだ犯罪の報道は扱いが小さくなり、そのかわりに創価学会が今年度の活動方針を発表した、池田大作が名前を聞いたこともないような大学から名誉博士号を受けたといったPR記事が頻繁に載り始めるのだ。

暴力から経済へ舵をきった創価学会のメディア支配は、大手メディアの論調でさえも、金で買えることを証明したのである。

## †政治権力が作り出した名誉毀損高額賠償判決

シフトチェンジしたのは宗教団体だけではない。政治権力もある時期からメディアを黙らせるために直接、権力を使うのでなく、経済の恐怖を利用するようになった。彼らが使ったのは、名誉毀損裁判での損害賠償金高額化という手法だった。

タレントや政治家が批判やスキャンダルを報道されると、メディアに対して「名誉毀損」の損害賠償を求める民事裁判を起こすことがよくある。請求額はさまざまで、一億、二億円の請求をするケースもあるが、従来、実際の判決で認められる損害賠償額は五〇万～一〇〇万円、高くてもせいぜい二〇〇万円にすぎなかった。ところがこの金額が、二〇〇一年を境に突如、五倍から一〇倍に跳ね上がったのである。女性週刊誌『女性自身』が女優の大原麗子に訴えられていた裁判で五〇〇万円の支払いを言い渡されたのを皮切りに、『週刊ポスト』が清原和博から訴えられていた裁判で一千万円、「日刊ゲンダイ」が自民党元幹事長の野中広務を「曲者政治屋」と書いただけで五〇〇万円、『週刊現代』がテレビ朝日のアナウンサーに訴えられた裁判で七七〇万円。同年の一〇月には、黒川紀章設計の橋の悪評を報じた『週刊文春』に一千万円の損害賠償判決が出た。同じ時期に『噂の真相』も森喜朗の買春検挙歴裁判で三〇〇万円、野中広務の同和利権疑惑報道をめぐる裁判で五〇〇万円という高額賠償判決を受けている。

もちろん偶然、こうした判決が重なったわけではない。「第2章　権力の恐怖」でも少し触れたが、この損害賠償金額の高額化は、スキャンダル攻撃を受けた当時の政権与党である自民党が巻き返しのために企図し、実現したものだった。

自民党は一九九八年の参院選直後から、選挙大敗の原因がメディアの報道にあると考えて、さまざまな対策を講じてきた。全国の党員にメディアをチェックさせる報道モニター制度を導入し、党政調会に「報道と人権等のあり方に関する検討会」を設置。メディア規制を本格的に検討し始めた。そして、一九九九年から二〇〇〇年にかけ、森政権が『噂の真相』による森首相の買春検挙歴報道や『フォーカス』による中川秀直官房長官の愛人告発など、雑誌ジャーナリズムのスキャンダル報道によって崩壊に追い込まれると、その危機感はピークに達する。自民党幹部はそろって「週刊誌報道を規制するべきだ」という声をあげ、個人情報保護法、人権擁護法、青少年社会環境対策基本法というメディア規制法制定を企図する一方で、法務省・最高裁判所に猛然と圧力をかけ始めた。その結果が名誉毀損判決における損害賠償金額の高額化だったのである。

一九九九年八月に自民党の「報道と人権等のあり方に関する検討会」が出した報告書には、以下のような文言が掲載されていた。


名誉棄損などの賠償額についても、一般に『一〇〇万円訴訟』とも言われているように、欧米諸国に比べて極めて少額なものとなっている。

私の取材では、当時、裁判所は司法制度改革をめぐって政界に裁判官の増員などを陳情する立場にあり、それと引き換えに自民党からの要望を受け入れて高額化を推進した可能性が高い。それを裏付けるように、裁判所は自民党が動き始めたとたん、東京地裁民事部判事による損害賠償額見直しのための勉強会を発足させ、翌二〇〇一年には最高裁民事局が、東京、名古屋、大阪高裁の判事も参加する「損害賠償実務研究会」を司法研修所で開催。これらの機関で賠償額を四〇〇万円から五〇〇万円程度に引き上げることや賠償額の算定基準を組織的に提案している。

しかも、この算定基準が非常に不可解なものだった。損害賠償実務研究会が作成した資料によると、慰謝料の金額は報道の内容や加害者、被害者の事情など一一項目について、それぞれ一〇点を上限に点数化し、一点一〇万円で合算したものの額を基準としていた。ひとつひとつちがう報道の価値を無視して、単純な点数化で金額を決めるというだけでも乱暴きわまりないが、さらに問題なのはそのうちの「被害者の考慮要素」という項目だ。職業別に賠償金のベースとなる点数を算定するのだが、タレントは一〇点、国会議員・弁護士などが八点、その他が五点となっていたのである。

従来、名誉毀損は公人には成立しないとされており、その公人には国会議員も含まれるという考え方が有力だった。ところが、この算定システムはそれをくつがえしたばかりか、国会議員に反論の場を持たない一般人よりも高い賠償金を支払うことを求めているのだ。

### 「訴訟リスクの高い相手」がタブーに！

実際、この損害賠償金額高額化は狙い通りの結果を生んだ。特に自民党がターゲットにした雑誌ジャーナリズムには、メディア規制三法案のうち唯一成立した個人情報保護法よりも、はるかに甚大なダメージをもたらした。

週刊誌の現場ではそれまで、名誉毀損で訴えられることが深刻には受け止められていなかった。それどころか、「名誉毀損で訴えられるのは勲章」とうそぶく編集者も少なくなかった。ところが、高額賠償判決が始まってから空気は一変する。企画会議では編集長やデスクが必ずといっていいほど、「そのネタ、訴えられたりしないだろうな」という台詞を口にするようになり、少しでも訴訟リスクがある記事は避けようとし始めた。

これは明らかに経済の恐怖がもたらしたものだ。損害賠償額が五〇〇万～一〇〇万円程度なら、敗訴判決を受けても雑誌が売れればカバーできるため、編集者も発行元も鷹揚に構えていられる。だが、その金額が五〇〇〇万円、一千万円となると、話はまったくちがってくる。発行会社にとっては経営基盤を揺るがしかねない大きな損失であり、会社は当然、その原因となった記事を問題視し、編集部や担当記者の責任を問うようになる。そうなれば、サラリーマンである編集者、記者は自己規制を働かせ始める。

ならば、訴訟に堪えうる報道をすればいいではないかと考えるかもしれないが、それはかなり難しい。現在の裁判所の判断基準では、報道に少しでも事実を立証できない部分があれば、メディア側の敗訴となってしまうからだ。捜査機関のように捜査権をもっていないメディアが完璧な立証をすることは不可能だし、また、仮に事実関係をすべて立証したとしても、プライバシーを侵害したとして敗訴となるケースも少なくない。

以前、名誉毀損裁判の判決結果を調べたところ、八割以上はメディア側の敗訴となっていた。週刊誌のようなスキャンダルメディアはこれまで、そうしたリスクを承知で限界ギリギリの判断で報道に踏みきり、数々のスクープをものにしてきたのである。そこに少しでも萎縮の空気が漂えば、一気にスキャンダル報道が減退してしまうのは当然だろう。

実際、この損害賠償金額の高額化は、メディアの報道基準までをゆがめてしまった。報道対象にニュースバリューがあるかどうか、その不正やスキャンダルが悪質かどうかよりも、相手が訴えてくるような人間、組織かどうかで、記事にするかどうかを決めるようになってしまったのである。

これは逆にいうと、どんなスキャンダルがあっても、どんな悪質な不正をしていても、相手が訴訟を起こしてくるタイプなら、記事にできないということである。頻繁に訴訟を起こす団体、人物は、そのほとんどがメディアの中でタブーとなってしまっているのだ。

そしてその結果、メディアの報道は訴えてこない相手に集中するようになった。たとえば、ボクシングの亀田親子や朝青龍などがあれだけバッシングを受けているのは、彼らが訴えてこないとメディアが判断したからだ。

これは、メディアにとってというだけでなく、我が国の民主主義にとって非常に危機的な状況というべきだろう。というのも、ここ二〇年、世間を大きく騒がせた政治家や官僚の不正、企業の不祥事を振り返ってみると、その多くは週刊誌を中心としたゲリラ的なスキャンダル報道が発端になっている。雑誌ジャーナリズムのリスクを背負った、疑惑段階での報道が新聞やテレビ、捜査当局を動かし、政治や社会の変革につながってきた。その発火点が今、損害賠償高額化という「経済の恐怖」によって消滅の危機に瀕しているのだ。

しかも、この経済の恐怖は広告によるそれとは違い、大手メディアだけでなく、ありとあらゆるメディアに影響を及ぼしている。たとえば、私が編集者をつとめていた『噂の真相』は広告収入が全体収入の中でほんの数パーセントに過ぎず、会社も『噂の真相』の発行以外、何の事業も行っていなかったため、経済の恐怖を感じたことはほとんどなかった。

しかし、名誉毀損裁判の損害賠償金額が高額化した二〇〇一年以降は、『噂の真相』のようなメディアでさえ、数百万円単位の判決を何度も受け、危機感を覚えざるをえない状況に追い込まれた。幸い、代表取締役でもあった編集長の岡留が経営を無視してでも編集方針を貫く珍しいタイプの経営者だったため、「訴えられそうだから、記事をやめろ」と言われたことは一度もなかったが、あのまま雑誌を続けていれば、訴訟ラッシュで経営破綻に追い込まれた可能性も十分ある。

もちろん、ネットもこの高額賠償判決の圧力からは自由ではいられない。今はまだ、政治家や企業、芸能人など、訴える側がネット上のニュースや掲示板の書き込みまでをマークしきれていないため、訴訟沙汰になるケースは少ないが、この先、その影響力がさらに増せば、必ず彼らのターゲットになる。匿名の掲示板に書き込んだ者の氏名などの公開を義務づけ、ネットにはさらに高い賠償金を課すといった法改正も十分ありうるだろう。

そう考えると、今から一〇年後、この国にスキャンダルを報道することのできるメディアは残っているのだろうか。メディアはタブーでおおわれ、プライバシー保護という美名のもと、刑事事件にならないかぎり、権力や富、名声をもつ者の不正を知る機会はない。そんな社会が出現している可能性が非常に高いといわざるをえない。

第4章

# メディアはなぜ、恐怖に屈するのか

## †低下したジャーナリズムの意識

本稿ではここまで、暴力、権力、経済という三つの恐怖がメディア・タブーを作り出すメカニズムについて検証してきた。メディアリテラシーに自覚的な読者でも、この国のメディアにこんなに報道できない領域があり、それがこんなに直截的で身もフタもない要因によって引き起こされているとは想像しなかったのではないだろうか。

その意味でいうと、タブーをめぐる状況にはもうひとつ、見逃すことのできない大きな問題がある。

それはタブーに縛られてきた側、つまりメディアの問題だ。いったいメディアはなぜ、かくも簡単に恐怖に屈するようになってしまったのか。かつてはここまでひどくはなかったはずだ。自主規制や報道の圧殺は昔からあったが、上層部が取材や記事を潰そうとしたら、現場が抵抗し、抗議し、社内で議論するという光景が見られたし、時にはそれを理由に会社を辞める者や、そのメディアで仕事することを拒否するようになった者もいた。そうした抵抗とトラブルが、会社側の安易な自主規制を抑止してきたのである。

しかし、今の組織内ジャーナリストたちはそんなそぶりすら見せない。タブーに直面したとたん、自動的にコンテンツから削除するシステムでもあるかのように、何のもめ事も議論もなく自主規制を受け入れ、報道を取りやめてしまう。

いや、会社の命令に唯々諾々と従うだけならまだいい。ほとんどのケースではストップをかけられる前に、現場の記者が「こんなネタ、どうせうちではできない」「こんなネタを出したら、空気が読めないヤツといわれてしまう」と、率先して自主規制をしている。

自主規制を命じる側も同様だ。以前は嘘だとわかっていても、「取材が足りない」「公正さの担保がない」などといった大義名分を並べたものだが、最近は「広告主だからダメ」とか「あの政治家はうるさいからやめとけ」とか、何のうしろめたさもなく露骨に本音をいうようになった。要するに、タブー化の過程で、葛藤や呵責というものがまったくなくなってしまったのだ。

ニュースや報道に携わっている者ですらこうなのだから、それ以外のメディアは推して知るべし、だろう。つい最近、講談社でファッション誌の編集をしている若手社員数人と話す機会があり、ついでに週刊誌ジャーナリズムについての感想を聞いてみたのだが、彼らは真顔で「どうして会社が『週刊現代』や『フライデー』みたいな雑誌を出しているのかサッパリわからない」という台詞を口にしていた。

たしかにファッション誌の編集者にとって、スキャンダル雑誌や写真週刊誌は苦労してキャスティングしたタレントの密会写真を掲載するトラブルメーカーであり、天敵といってもいい存在だ。だが、以前はそういった雑誌の編集者でも「私は迷惑しているけど、報道の自由のためにはああいうスキャンダル・メディアは必要だ」と、その存在意義を認める意見が大勢を占めていた。ところが、最近のメディア関係者にはそういったジャーナリズムに対する意識はない。それどころか、自分のやっている仕事の利害以外のことにはまったく関心がなくなっているのだ。

序章で、メディア・タブーを生み出す具体的な「理由」が見えなくなっているということを述べたが、実はこれも、そうした意識の変化と無関係ではないだろう。ジャーナリストやメディア関係者が躊躇なく、上の命令に従うようになった結果、自主規制の過程で、理由を検証するという作業が省略されてしまったのである。

## †市場原理に飲み込まれていったメディア

メディア関係者のこうした意識の低下はおそらく、第3章でも触れた業界の大きな構造転換が背景にある。新聞、テレビ、出版各社は、二〇〇〇年前後から、まるで申しあわせたように「企業としての生き残り」という台詞を声高に叫ぶようになり、経済効率や収益性を優先させる経営方針を掲げ始めた。

朝日新聞社では一九九九年に経済部出身の箱島信一が社長に就任した際、「普通の会社になろう」という言葉で、人員削減、組織のスリム化、コスト意識の徹底を打ち出したし、経営不振が伝えられた毎日新聞も一九九九年の決算期に「21世紀への変革」というスローガンを掲げた。掛け声だけではない。この前後から、読売新聞、日経新聞、共同通信などの報道機関でも能力給を重視する新人事制度が導入され、事業の多角化が一気に進展した。映画や音楽出版、キャラクタービジネスはもちろん、本業と関係のない通信販売や流通サービス、人材派遣……。さらには、毎日新聞がトヨタと名古屋駅前の超高層複合ビルを建設したのを皮切りに、不動産事業にも本格進出を始めた。

しかも、この傾向は年を追うごとに強くなっていった。二〇〇〇年代半ばには新聞・テレビの多くが持ち株会社を設立して、各事業部門を分社化。内部の競争意識を煽り、赤字部門を簡単に整理できる体制をつくりあげた。フジテレビに住友商事が資本参加し、日本テレビがセブン&アイグループと共同で事業を立ち上げる、というように異業種との資本提携、業務提携もさかんになった。不動産事業でも、日本テレビの汐留、TBSの赤坂、さらには現在、進行中の共同通信による虎ノ門再開発、朝日新聞の大阪・中之島ツインタワービル建設と、さまざまなメディアが所有不動産の再開発、テナント商売に血道をあげるようになった。

要するに、グローバル化とは無縁に思えたこの国のメディアも、二〇〇〇年前後を境に、世界を席巻した新自由主義や市場原理主義の波に飲みこまれていったのである。そして、ほとんどの新聞社、テレビ局、出版社は、一〇年前、朝日新聞で当時の箱島社長が宣言したとおり、「普通の会社」になってしまった。

だとしたら、次に何が起きるかは明らかだろう。収益性と経済効率の追求が「最大の善」「もっとも優先されるべきもの」となり、それ以外のことはすべて無駄なものとして排除されるようになる。ネグリ&ハートはその著書『〈帝国〉』で、グローバル秩序に支配された世界では身も蓋もないむき出しの資本の論理が幅を利かせ、すべての人びとは資本の増大に寄与することを強いられると指摘したが、この国のメディアもまさに、そういう段階に突入したのである。

実際、こうしたメディアの構造転換がもたらしたのは、経済の恐怖の増大、たとえば広告スポンサーへの依存度が増したことで批判がより困難になったとか、ステークホルダー、利害関係者の増加で報道できない対象が増えたとか、そういうことだけではなかった。権力にたてつくことも暴力にあらがうことも、コストがかさむだけでマイナスでしかないという判断が下され、少しでもトラブルが起きる可能性がある案件は徹底して忌避されるようになった。

かつては少なくとも建前としては存在していた「報道の自由」や「知る権利」を守ると

いったジャーナリズムの使命が、利潤追求という目的によってどこかに吹き飛ばされてしまったのだ。

## †ネット企業がメディアを支配したら……

しかもこの流れは今後、いっそうエスカレートしていくはずだ。というのも、新聞、テレビ、出版といったオールドメディアは近年、世界的不況に加えてそのマーケットをネットに奪われ、急激に収益を悪化させているからだ。

日刊紙の発行部数は、二〇〇八年から二〇一〇年の間に公称で約一〇〇万部以上、実数ではその数倍が減少したといわれ、多くの新聞社が新聞事業だけでは採算がとれなくなっている。出版業界でも、主要雑誌のほとんどがこの三年の間に一〇パーセント以上、ひどいケースでは三〇パーセント以上も部数を落とし、二〇〇九年には、小学館、講談社、光文社など大手出版社が軒並み史上最悪規模の赤字を記録した。テレビ局も同様だ。視聴率低迷、CM収入激減で、二〇〇九年度の中間決算では、キー局五局が六六一億円の減収となった。これでは、各社とも「報道の自由」や「知る権利」にこだわる余裕など生まれるはずもない。メディアは組織維持のためにこれまで以上になりふりかまわず利益を追い求め、経済的な損失を恐れるようになる。

いや、それだけですめばまだマシというべきかもしれない。この逼迫状況がさらに進めば、オールドメディアのかなりの部分は倒産・廃業に追い込まれるか、あるいは本業とは何の関係もない不動産業や通信販売のような異業種に依存するしか道はなくなってしまうだろう。そして、情報の流通はネットやモバイルが中心になり、朝日新聞やフジテレビ、講談社にかわって、ヤフーや楽天、mixi、サイバーエージェントなどのIT企業が、メディアを支配するようになるだろう。

そうなったら、私たちの目の前に現出するのは、現在の比ではない経済効率に支配された世界だ。

最近は変質したとはいえ、新聞やテレビ、出版といったオールドメディアには一応、「報道機関」「言論の拠点」としての歴史があり、ジャーナリズムを守るためにコストをかける意識やある程度のリスクを背負う覚悟があった。実態としても、ひとつの記事をつくるために採算を度外視して膨大な労力と取材費を費やし、報道した後に起きる名誉毀損訴訟などのさまざまなトラブルを引き受けてきた。だが、サイト運営や通販、証券や金融、M&Aなどを主たる業務内容としてきたIT企業には、そんな意識など微塵もない。彼らの頭の中にあるのは、どうコストを抑え、売り上げをあげるか、だけだ。

たとえば、数年前、あるIT企業が出資して設立したニュースサイトでは、管理部門によって記者の取材コストが徹底的に管理され、記者が取材に動いても裏を取りきれずに原稿にできなかった場合、「商品がないのに対価を支払えるわけがない」としてギャラや取材費の支払いを拒否されるケースもあったという。

報道の世界では、情報をキャッチして現地に行っても、取材してみたら空振りだったということが日常茶飯事だ。むしろ、そういう「無駄」の積み重ねのなかから、スクープが生まれるといってもいい。それが、原稿にならなければ報酬を支払ってもらえないとなれば、誰も踏み込んだ取材などしなくなるだろう。

しかも、こうしたニュースサイトの中には、商売のために平気で報道内容を操作・捏造しているところもある。私の知っているあるニュースサイトは、一本につき一五万円で商品のPRを請け負い、一般の記事を装ってパブ記事をアップしている。

こんな体質の企業が情報の流通を支配するようになったら、それこそタブーに抗するどころの話ではない。メディアはコストもリスクも生じない発表記事とヒモつきのPR記事で、埋め尽くされることになる。

**†タブーは「個」として闘うことができる**

本書の冒頭で、私はタブーの理由を徹底的に追い求めることが、タブーの増殖をくいとめ、それを乗り越える第一歩になるかもしれない、と書いた。だが、こうしたメディアの変質を目の当たりにすると、もはやそんなことなど不可能なのではないかと思えてくる。

実際、メディアの利益至上主義と公共性の減退は、先述したように、構造的なものであり、これから先も歯止めをかけることはできないだろう。それでも、法制度が変われば、――たとえば、名誉毀損の免責対象である公人の範囲が大幅に広がり、公人に一切の名誉毀損が成立しなくなれば、少しは状況が好転するかもしれないが、これも法律を制定する政治権力が自分たちの首をしめるようなことを許すはずはなく、現実にはありえない。

また、メディア研究者の中には、アーキテクチュアがネットを含めたメディアの健全化を推し進めると主張する者もいるが、それは炎上やデマの横行を是正するという話であり、タブーや自主規制をなくす方向とはまったくちがうものだ。

いずれにしても、メディアの未来はとてつもなく暗いといわざるをえないのである。

ただ、メディアタブーをめぐる問題にはひとつだけ救いがある。それは、この問題では「破る」という闘い方ができることだ。何かを守る、あるいはパラダイムそのものを変えるというのはひとりの力では無理だが、「タブーを破る」というのは、例外状態をつくりだす行為であり、たったひとつのメディアでも、たったひとりのジャーナリストでもそれを行うことができる。

第2章で、一九九〇年代後半、政界や検察、警察などの権力タブーが一時的に崩れたという話をしたが、実はこの中にも個人の突出した行動が原因となっているケースがいくつかあった。たとえば、検察タブーを解禁した則定衛東京高検検事長のスキャンダル報道などはまさにそうだ。このスキャンダルは、朝日新聞が『噂の真相』の記事を後追いしたことから大きな問題になったのだが、大手報道機関が検察幹部の女性問題を、しかも、普段は〝真偽不明のイエローペーパー〟として軽蔑している『噂の真相』の記事を引用する形で報道するというのは前代未聞のことだった。そのため、第2章で述べたように、朝日新聞と検察内部の反則定派による謀略説も流れた。

だが、実際には、この報道はひとりの記者の熱意からはじまったものだった。朝日新聞には数年前から「検察といえども、公務に不正があれば報道すべき」と主張して、検察批判をタブー視するメディアの体質に疑問をもち続けていた社会部の遊軍記者がいて、この記者が周囲の反対の中、単独で取材を強行。『噂の真相』に掲載されていた情報を検察幹部に直撃して事実を認めさせた。そして、この記者の熱意と緻密な取材に、当時の松本正社会部長が動かされ、記事化にGOサインを出したのである。

ちなみに、この松本も朝日の社会部長としては非常に異色の人物で、在任中は、則定スキャンダル以外にも雅子妃の非常に早い段階での第一子懐妊など、これまでの新聞がふみきれなかったスクープを積極的に掲載して物議をかもしている。

週刊誌でも同様のケースがあった。今から三年ほど前、『週刊現代』が第3章で触れたJR東日本の経営体質や食肉利権の不正追及など、これまでタブーとされてきたテーマに次々挑んだ時期があったが、これは当時の加藤晴之という編集長のキャラクターに負うところが大きかった。

加藤はかつて、担当役員から記事の掲載に圧力をかけられた際、上司であるその役員に廊下でつかみかかり、首を絞めたという逸話までもっている過激な編集者で、『週刊現代』編集長に就任するや、「週刊誌に革命を起こす」と、社内事情、各方面からの圧力などを恐れずにどんどんスキャンダルを掲載しはじめたのである。

また、小沢一郎事件や村木厚子事件では、『週刊朝日』が親会社の朝日新聞とは真逆の姿勢をとって検察の捜査批判を展開したが、これも、朝日らしからぬ反骨心と野次馬精神をもった当時の編集長・山口一臣の存在抜きには語れない。

## †タブーの増殖・肥大化を食い止めるために

もちろん個の闘いには限界もある。たったひとりのジャーナリスト、たったひとつのメディアが一瞬、タブーを打ち破ったとしても、それによって、タブーに縛られた状況そのものが変わることはほとんどない。むしろ、逆に組織や権力の反撃を受けて、孤立化したり、圧力に屈してしまうケースのほうが多いはずだ。

事実、これまでの例をみても、タブーに踏み込んだ報道の大半は結局、担当者の異動や左遷、責任者の更迭、さらにはメディアそのものの消滅といった悲惨な結末を迎えている。

先に紹介した『週刊現代』の加藤編集長は、七〇件を超える名誉毀損訴訟を起こされたあげく、異動に追い込まれた。あるいは、私が編集していた『噂の真相』もそうだ。東京地検特捜部から恣意的な起訴を受け、右翼から襲撃され、最終的には休刊という選択肢を選ばざるをえなくなった。

だが、だとしてもそれは無駄ではないはずだ。これは自己慰撫でいっているのではない。ほんの一瞬であっても、最後は無残な敗北で終わっても、タブーを破ろうとすること自体が大きな意味をもつ。なぜなら、タブーを破ろうとすれば、必ず何らかの軋轢《あつれき》や圧力が生じ、そのことによってタブーの正体があぶりだされるからだ。いったい、誰が何のためにこのタブーをつくりだしたのか、どの表現がどう問題なのか、メディアは何を恐れているのか。

そして、タブーの正体が見えれば、次にどこまでの表現が可能か、どう闘えばいいか、その対策をたてることができる。

たとえば、ユダヤ・タブーにふれてSWCと向き合えば、ポイントはユダヤ人に対する差別やユダヤ教徒が世界支配を狙っているという陰謀論であり、ユダヤやSWCに言及することが問題なのではないということが分かってくる。SWCにただ怯えたりせず、その実相が何かを見極めようとすれば、その力の源泉が広告スポンサーに対して広告掲載を取りやめさせようとする圧力であることが分かり、次はナショナルクライアントや外資系の広告が掲載されていないメディアを選ぶという発想が生まれる。

その意味では、タブーを破るところまでできなくてもかまわない。破ることが無理ならさわるだけでいい。さわるのが怖ければ、間近でその正体を見ようとするだけでもいい。そうすれば、そのぶんだけタブーと非タブーの境界線を押し戻すことができるはずだ。

とにかくギリギリまでタブーに近づくこと、そしてタブーの正体を常にあらわにし続けること。最後にもう一度いうが、タブーの肥大化・増殖を食い止めるためには、まず、そこから始めるしかないのである。

# あとがき

　正直に言うと、少し前までタブーをテーマにした本を書くなんてことはまったく考えていなかった。というより、自分にそんな資格はないと思っていた。

　たしかに、私は『噂の真相』というタブーと闘い続けた雑誌の編集部に二二年間在籍し、副編集長として誌面づくりを統括してきた。だが、その姿勢はたったひとりでこの過激な雑誌を立ち上げ、覚悟をもってさまざまなトラブルと対峙してきた編集長の岡留安則とまったくちがう、「闘う」なんて言葉の勇ましさとはほど遠いものだった。

　今も思い出すシーンがある。第一章でもふれた右翼による襲撃事件の時だ。実は『噂の真相』編集部は、不測の事態に備えて応接室に防犯カメラを設置しており、事件の一部始終がそこに録画されていた。突然暴れ出しソファを乗り越えてくる二人の右翼、ふりおろされる拳、投げつけられる椅子、ガラステーブル、宙をとびかう灰皿……。修羅場の中に、私のみっともない姿が映っている。

　それはちょうど、右翼のひとりがナイフを構えて岡留ににじり寄ろうとしている場面だ。背後で、もうひとりの右翼に蹴りを入れられてうずくまっていた私が起き上がり、それを止めようと近づいていく。

ところが、相手が私に気づき、こちらを振り向いたとたん、私は身がすくみ、腰を引いてしまう。まだ一メートル以上も距離があるのに、一歩も前に進めない。手だけは相手のほうに伸ばそうとするが、尻は後ろに残ったまま。岡留は頭から血を流しながら椅子をふりかざして闘っているのに、私はというと、「へっぴり腰」という表現がぴったりの姿で、何もできず立ちすくんでいる——。映像の中の情けない姿を眺めるうち、私は自覚した。

いや、薄々感じながら意識しないようにしてきたことをはっきりと思い知らされた。

そう。あの「へっぴり腰」は私のジャーナリストとしての姿勢そのものなのだ。『噂の真相』編集者としての使命感からタブーに踏み込んではきたが、本当はそこから逃げ出したくてしようがない。口では「圧力には屈しない」「言論の自由を死守する」と強気の言葉を並べていても、内心はトラブルがこわくてこわくてたまらない。

だから、『噂の真相』が休刊した時、私は心の底から安堵し、二度とタブーなんてものに関わるまいと心に誓った。タブーと闘えるのは、岡留のようなゆるぎない覚悟と強靭な神経を持つ人間だけなのだ、と。

だが、それから数年。フリーでメディアの仕事に関わるようになって、私の気持ちは少しずつ変わっていった。

あらゆるメディアに、想像以上に「書けないこと」「報道できないこと」が存在し、しかも、そのタブーはさらに強固になって増殖を続けている。ところが、それに疑問を感じ、抗おうとするメディア関係者やジャーナリストはどんどん少なくなっている。そんな状況を目の当たりにして、何かをせずにはいられなくなった。

けっして「へっぴり腰」がなおったわけではない。だが、自分の立場や地位、生活が脅かされることを恐れ、タブーに屈していく大手メディア企業の社員たちと接しているうちに、同じ弱さ、ずるさ、臆病さをもつ私のような人間にこそ伝えられることがあるのではないか。そう考えるようになったのだ。

暴力に直面すればへなへなとくずれおち、危険が迫れば逃げることばかり考える。そんな人間が自らの体験と向き合い、心理構造を直視することで、もしかしたら、このどんづまりのメディア状況に出口を見つけることができるかもしれない。今もわずかに残っている、無言の圧力に抗いたいと思っている人たちに勇気を与えられるかもしれない。

そして、一人でも多くの人が、無様な敗北を繰り返してもなお、タブーに迫ろうとすることの意味を見出してくれれば——そんな思いでこの本を書いた。

もちろん、本書が実際にその目的を達することができたかどうかは自信がない。改めて読み返してみると、タブー打破の具体的な方法を提示できたとはいいがたいし、「ひとりよがりの空論」と一笑に付されてもしようがない甘い部分も多々ある。

だが、少なくとも私自身にとって、この本を書いたことは大きな転換点になった。

ジャン＝リュック・ゴダールはその監督人生の集大成ともいえる映画『映画史』のラスト近くで、こんな一節を自ら読み上げている。

私はこの時代の逃げ腰な敵だ
日々苛烈に地球を覆う、組織の利益のためすべてを消し去る顔なき圧政
地球的、抽象的な圧政に、私は逃げ腰で対立する

ゴダールが「逃げ腰で対立する」という言葉にどんな意味を込めようとしたのかはわからないが、その言葉に、私は勝手に自分の「へっぴり腰」な姿を重ね合わせようと思う。

そして、ここからもう一度、「へっぴり腰の闘い」を始めてみたいと思っている。

二〇一一年一一月二七日

川端幹人

# 参考文献

いいだもも「マス・コミの聖なるタブー　天皇と性」『創』一九七三年七月号
一ノ宮美成＋グループ・K21『同和利権の真相2』宝島社文庫、二〇〇四年
江川紹子「オウム真理教　盗聴事件でなぜ教団名が伏せられたか」『マルコポーロ』一九九五年一月号
岡留安則『武器としてのスキャンダル』ちくま文庫、二〇〇四年
――『「噂の眞相」25年戦記』集英社新書、二〇〇五年
神林広恵『噂の女』幻冬舎アウトロー文庫、二〇〇八年
川元祥一『部落差別の謎を解く――キヨメとケガレ』にんげん出版・モナド新書、二〇〇九年
木村三浩「大内手記は〝右右対決〟の時代の夜明けを象徴する」『宝島30』一九九四年一月号
京谷秀夫「『風流夢譚』事件・嶋中事件」『創』一九八〇年一一月号
酒井隆史『暴力の哲学』河出書房新社、二〇〇四年
篠田博之「言論テロ史」『論座』二〇〇六年一一月号
週刊金曜日取材班『電通の正体　増補版』金曜日、二〇〇六年
中村智子『『風流夢譚』事件以後――編集者の自分史』田畑書店、一九七六年
西岡研介『「噂の眞相」トップ屋稼業』河出文庫、二〇〇九年
溝口敦『食肉の帝王――同和と暴力で巨富を摑んだ男』講談社＋α文庫、二〇〇四年
横田一＋佐高信＋週刊金曜日取材班『トヨタの正体――マスコミ最大のパトロン　トヨタの前に赤信号は

ないのか』金曜日、二〇〇六年
渡邉正裕・林克明『トヨタの闇』ちくま文庫、二〇一〇年
『日本読書新聞』「市民的自由の原理を」一九六七年一二月二五日号
『創』「70年代以降のマスコミ差別糾弾事件史」一九九三年一二月号
『別冊宝島1796　日本を脅かす！　原発の深い闇』宝島社、二〇一一年
『別冊宝島1821　日本を破滅させる！　原発の深い闇2』宝島社、二〇一一年
『噂の真相』一九七九年四月号〜二〇〇四年四月号
『別冊噂の真相　日本のタブー』噂の真相、二〇〇四年

ちくま新書
939

# タブーの正体《しょうたい》！
## ——マスコミが「あのこと」に触《ふ》れない理由《りゆう》

二〇一二年一月一〇日 第一刷発行
二〇一二年一月三〇日 第二刷発行

著者 川端幹人（かわばた・みきと）
発行者 熊沢敏之
発行所 株式会社 筑摩書房
東京都台東区蔵前二-五-三 郵便番号一一一-八七五五
振替〇〇一六〇-八-四一二三
装幀者 間村俊一
印刷・製本 株式会社 精興社



乱丁・落丁本の場合は、左記宛にご送付下さい。
送料小社負担でお取り替えいたします。
ご注文・お問い合わせも左記へお願いいたします。
〒三三一-八五〇七 さいたま市北区櫛引町二-六〇四
筑摩書房サービスセンター 電話〇四八-六五一-〇〇五三


ISBN978-4-480-06645-9 C0236

## ちくま新書

930
世代間格差
――人口減少社会を問いなおす
加藤久和
年金破綻、かさむ医療費、奪われる若者雇用――。年齢によって利害が生じる「世代間格差」は、いかに解消できるか？　問題点から処方箋まで、徹底的に検証する。

729
閉塞経済
――金融資本主義のゆくえ
金子勝
サブプライムローン問題はなぜ起こったのか。格差社会がなぜもたらされたのか。現実経済を説明できなくなった主流経済学の限界を指摘し、新しい経済学を提唱する。

937
階級都市
――格差が街を侵食する
橋本健二
街には格差があふれている。古くは「山の手」「下町」と身分によって分断されていたが、現在もその構図は変わっていない。宿命づけられた階級都市のリアルに迫る。

927
ポルノ雑誌の昭和史
川本耕次
実話誌、通販誌、自販機本、ビニ本。ヘア、透け、ロリコン……。販路・表現とも現代のインターネット以上にゲリラだった。男の血肉となった昭和エロ出版裏面史。

904
セックスメディア30年史
――欲望の革命児たち
荻上チキ
風俗、出会い系、大人のオモチャ。日本には多様なセックスが溢れている。80年代から10年代までの性産業の実態に迫り、現代日本の性と快楽の正体を解き明かす！

897
ルポ 餓死現場で生きる
石井光太
飢餓で苦しむ10億人。実際、彼らはどのように暮し、生き延びているのだろうか？　売春、児童結婚、HIV、子供兵など、美談では語られない真相に迫る。

883
ルポ 若者ホームレス
飯島裕子
ビッグイシュー基金
近年、貧困が若者を襲い、20～30代のホームレスが激増している。彼らはなぜ路上暮らしへ追い込まれたのか。貧困が再生産される社会構造をあぶりだすルポ。

# ちくま新書

855
## 年金は本当にもらえるのか？
鈴木亘

本当に年金は破綻しないのか？ 政治家や官僚は難解な用語や粉飾決算によって国民を騙し、その真実を教えてはくれない。様々な年金の疑問に一問一答で解説する。

821
## 右翼は言論の敵か
鈴木邦男

なぜテロが起きるのか、右翼は言論の敵対者なのか。新右翼とよばれた著者が忘れられた右翼思想家たちを紹介し、右翼運動の論理と心情、その実態に迫る。

817
## 教育の職業的意義
――若者、学校、社会をつなぐ
本田由紀

このままでは、教育も仕事も、若者たちにとって壮大な詐欺でしかない。教育と社会との壊れた連環を修復し、日本社会の再編を考える。

787
## 日本の殺人
河合幹雄

殺人者は、なぜ、どのように犯行におよんだのか。彼らにはどんな刑罰が与えられ、出所後はどう生活しているか……。仔細な検証から見えた人殺したちの実像とは。

759
## 山口組概論
――最強組織はなぜ成立したのか
猪野健治

傘下人員四万人といわれる山口組。警察の厳しい取り締まり、社会の指弾を浴びながら、なぜ彼らは存在するのか？ その九十年の歴史と現在、内側の論理へと迫る。

683
## ウェブ炎上
――ネット群集の暴走と可能性
荻上チキ

ブログ等で、ある人物への批判が殺到し、収拾不能になることがある。こうした「炎上」が生じる仕組みを明らかにし、その可能性を探る。ネット時代の教養書である。

511
## 子どもが減って何が悪いか！
赤川学

少子化をめぐるトンデモ言説を、データを用いて徹底論破！ 社会学の知見から、少子化が避けられないことを示し、これを前提とする自由で公平な社会を構想する。

# ちくま新書

498 公安警察の手口 鈴木邦男

謎のベールに包まれている公安警察。彼らはどんな手法で捜査を行うのか？　自らの体験と取材をもとに、ガサ入れ・尾行・スパイ養成の実態に切り込む刺激的な一冊。

934 エネルギー進化論 ――「第4の革命」が日本を変える 飯田哲也

いま変わらなければ、いつ変わるのか？　自然エネルギーは実用可能であり、もはや原発に頼る必要はない。持続可能なエネルギー政策を考え、日本の針路を描く。

465 憲法と平和を問いなおす 長谷部恭男

情緒論に陥りがちな改憲論議と冷静に向きあうには、そもそも何のための憲法かを問う視点が欠かせない。この国のかたちを決する大問題を考え抜く手がかりを示す。

846 日本のナショナリズム 松本健一

戦前日本のナショナリズムはどこで道を誤ったのか。なぜ東アジアは今も一つになれないのか。近代の精神史の中に、国家間の軋轢を乗り越える思想の可能性を探る。

702 ヤクザと日本 ――近代の無頼 宮崎学

下層社会の人々が生きんがために集まり生じた近代ヤクザ。格差と貧困が社会に亀裂を走らせているいま、ヤクザの歴史が教えるものとは？

544 八月十五日の神話 ――終戦記念日のメディア学 佐藤卓己

一九四五年八月十五日、それは本当に「終戦」だったのか。「玉音写真」、新聞の終戦報道、お盆のラジオ放送、歴史教科書の終戦記述から、「戦後」を問い直す問題作。

858 愛と憎しみの新宿 ――半径一キロの日本近代史 平井玄

六〇年代の新宿。そこは伝説的なジャズ・バーや映画館がひしめく文化工場だった。濁愛、陰謀、阿鼻叫喚が混淆し、戦後日本の闇鍋を形作った都市を描く地下文化史。